Le royaume de Tristan

9, rue de l'École-Polytechnique – 75005 Paris
ISBN : 978-2-84186-781-3

Anne-Sophie Ferry

Le royaume de Tristan

Guide de survie d'une maman face à l'autisme

Témoignage

Michalon Éditeur

Avant-propos

Élever un enfant autiste est un véritable parcours du combattant, d'autant plus en France, où rien n'est fait pour armer les parents.

À travers mon journal de bord, je voudrais donner à voir ce monde "invisible", celui de Tristan, décrire ses troubles d'apprentissage et de communication, ses crises sans fin, mais aussi raconter comment il s'en est sorti, les progrès fulgurants qu'il a accomplis. Il y a dix ans, j'étais une mère en souffrance, impuissante, isolée, et en colère contre l'unique réponse qui m'avait été faite alors, celle d'une prise en charge psychanalytique : Tristan a été interné à l'âge de quatre ans en asile psychiatrique ! Commençait pour nous une longue descente aux enfers : abus de pouvoir des médecins, erreurs de diagnostic, excès de sédatifs ou de neuroleptiques, pressions pour une déscolarisation… Tristan n'avait pas sa place dans la société, on l'enfermait dans son propre monde : 100 % des personnes autistes sont scolarisées aux Pays-Bas, contre 20 % en France… Et tandis que seules 4 % des personnes autistes ont appris à parler en France, 80 % sont verbales dans les pays utilisant le VB (*Verbal Behavior*). En Angleterre, entre autres, il n'y a aucune exclusion des enfants autistes, et ils ne sont pas cachés ou regroupés dans des centres spécialisés. En France, entre le packing (enveloppement dans des draps froids et humides) et les médicaments, un enfant autiste verra réglés tous ses comportements à risque par la camisole physique ou chimique. Un documentaire a fait le tour du monde sans qu'aucun soignant français ne s'en aperçoive : *L'Autisme en France, Histoire de la Honte*[1], un titre choc pour une vidéo passant en revue tout notre système « d'absence ou mauvais traitement de l'autisme ». Pourtant, beaucoup de professionnels préviennent les autorités : l'autisme est croissant – on prévoit un enfant atteint sur vingt-cinq dans quelques années.

Délaissée, j'ai dû chercher seule d'autres alternatives, parce que je refusais de faire « le deuil de mon fils », malgré les conseils des psychiatres. J'ai découvert alors des pratiques éducatives et comportementales comme l'ABA (*Applied Behavior Analysis*, ou Analyse appliquée du comportement), qui visent la réhabilitation par les apprentissages, entre autres, du jeu, du langage et des relations sociales. Un traitement né des pays scandinaves, appliqué depuis quarante ans dans tous les autres pays et recommandé depuis 2012 par la Haute Autorité de santé (HAS). Pourtant la France (au même titre

1- *SHAMEFUL : A Film about Autism in France* d'Alex Plank et Noah Trevino, 2012.

que l'Argentine) continue à fustiger ces approches et à refuser de les prendre en charge, malgré la troisième condamnation du Conseil européen qu'elle a reçue en 2014 pour « violation de la Charte sociale européenne révisée en ce qui concerne le droit des enfants et adolescents autistes à la scolarisation en priorité dans les établissements de droit commun, et l'absence de prédominance d'un caractère éducatif au sein des institutions spécialisées ». Des associations[2] de parents et de professionnels se démènent pour réveiller le gouvernement, le Dr Vinca Rivière (BCBA[3]) a réussi à créer un Master Analyse du Comportement à l'Université de Lille 3 et le premier centre ABA où l'on a pu observer des résultats probants. Quand proposerons-nous enfin des soins adaptés ?

Le parcours de Tristan est celui, tristement banal, de beaucoup d'enfants autistes. En racontant mon combat contre cette maladie, contre les institutions et mon travail acharné pour lui apprendre à parler et lui rendre sa dignité, j'ai voulu redonner de l'espoir à tous les parents, aux professionnels de santé et aux familles qui ont aussi connu cet enfer.

2- Exemples d'associations puissantes : Pas à pas, Léa pour Samy, Vaincre l'autisme…

3- Behavior Certification Board Analyst.

L'ENFER AU QUOTIDIEN

Un enfant pas comme les autres

J'entre dans la cuisine et vois Tristan, assis sagement par terre – pour une fois – pataugeant au milieu d'une douzaine d'œufs qu'il vient de casser sur le carrelage.

« Mais qu'est-ce que tu fais ????

— Omelette. »

Je suis abasourdie, il vient de me répondre, de parler ! Certes, il déforme complètement les mots, ça ressemble plutôt à « aye oyette », mais tout de même, c'est un grand pas, le sol est dans un triste état mais son langage vient de se débloquer, mon petit de trois ans va enfin parler !

J'essaie de lui faire répéter sans succès : « Tu fais quoi, Tristan ? Une omelette ? » Les jours défilent sans que, hélas, il prononce ne serait-ce qu'une syllabe. J'essaie tout, il ne me regarde même pas. C'est troublant : tous les deux mois, sans qu'on s'y attende, il utilise les mots de manière tellement appropriée qu'on y perçoit de l'humour. Je le sais, mais à chaque fois j'y crois encore. Le mois dernier, quand il a dit : « Ma main » en tendant sa main devant mon visage, puis : « … Maman ! » en la fermant, j'ai cru à un miracle.

Il ajoute des syllabes, des L partout, mais il joue bien sur les mots. J'espère toujours qu'il va me répondre, puis de nouveau je dois faire face au néant. Alors je doute, je me dis qu'il ne s'agit peut-être que de sons que j'ai surinterprétés… J'apprendrai plus tard que ce sont des "émergences". Des sursauts de compétences et de désirs vers le monde extérieur, que les psychanalystes allaient bientôt attendre de Tristan, en l'internant et en l'observant sans le toucher pendant des mois. Mais avant que débute son calvaire, je dois revenir sur mes premiers pas de mère.

Je suis si heureuse à sa naissance en 2002. Nous vivons alors dans un minuscule appartement parisien du sublime quartier Mouffetard. Tristan est un bébé tendre et très éveillé, avec un regard noir, franc, direct. Il se tient déjà assis à six mois et, à sept mois, il caresse les girafes au Jardin des Plantes, quand elles se penchent vers lui. Il étonne les pédiatres en répétant des mots, il demande tout bas en souriant : « Tétine, maman, papa, nounours, gâteau. » Il adore le contact et pleure peu, sourit facilement. Notre vie est belle et douce, je le promène tous les matins près de la place de la Contrescarpe, les commerçants sortent de leurs boutiques et viennent lui dire bonjour, on croise quelques actrices connues qui gazouillent avec lui. Son sourire, son énergie, sa présence sont irrésistibles.

Malheureusement, mon mari et moi nous éloignons de plus en plus et finissons par nous séparer quand Tristan a un an et demi. Mon fils se met alors à faire colère sur colère, et n'évolue plus au même rythme que les autres enfants. Il ne parle toujours pas à trois ans, et son père et moi pensons que le divorce est peut-être la cause de ses troubles que nous espérons passagers.

Pour des raisons financières, je suis contrainte de déménager avec Tristan en province. Sans mes repères de parisienne, je me sens très isolée. Je crains que tous ces bouleversements le perturbent davantage et, au fil des mois, je constate que son mal-être empire. Tristan commence à montrer un visage qu'on ne lui connaissait pas : sans regard, armé d'autres codes, évoluant dans un monde illisible, agissant contre lui-même de manière aussi inclassable qu'obscure. Comme je m'inquiète et culpabilise, je prends rendez-vous chez le médecin, pour lui expliquer ce qui me semble étrange et lui décrire mon quotidien.

Une journée type

Les journées avec Tristan commencent très tôt, se terminent très tard, et sont douloureusement répétitives.

Dès sept heures, nous partons nous promener dans les petits chemins de campagne pour des heures de balades, car Tristan n'aime pas rester à la maison. Au bout de quelques mètres, il a déjà soif. Ce jour-là, je décide de reprendre espoir, je lui fais confiance et lui tends une petite bouteille d'eau.

Il la porte à sa bouche mais ne résiste pas à son rituel : il sourit puis la déverse lentement sur le sol. Il regarde l'eau par terre, la bouteille vide, et se met en colère : il se rappelle qu'il a soif.

C'est la trois millième fois que je revis cette scène, je recommence avec une autre bouteille, en lui tenant la main serrée dessus. Cette pression l'agace, alors il se met à crier, puis s'enfuit en jetant violemment la bouteille. Il a toujours soif mais tout va bien, j'ai prévu une troisième bouteille. Il faut la porter à sa bouche rapidement sans qu'il l'attrape, le laisser boire une gorgée, la retirer vite avant qu'il ne s'énerve et recommencer. Je m'exécute comme une servante romaine devant son empereur, jusqu'à ce qu'il n'ait plus soif. J'ai réussi ! Il est réhydraté certes… mais il n'a rien appris. Ni à boire seul, ni à accepter la contrainte, ni à tolérer la frustration, ni à utiliser un objet de manière adaptée. Il faudra recommencer indéfiniment ce rituel à chaque sortie. Ce n'est pas naturel, les autres enfants boivent – j'en ai gardé plusieurs pendant des années –, les enfants ne vident pas les bouteilles qu'on leur tend quand ils ont soif !

Un an plus tard, un psychiatre allait me dire :

« Madame, vous couvez tellement votre fils, vous créez une telle fusion avec lui que vous l'avez rendu psychotique. »

Comment lui expliquer que je n'avais pas d'autre choix que d'anticiper ses désirs et les combler avec des stratégies de mère envahissante, pour le maintenir en bonne santé… en vie même ?

Vers dix heures, nous allons faire des courses. J'appréhende toujours ce moment. Le supermarché constitue un théâtre ouvert où chaque autochtone balance son petit commentaire. Je n'ai pas envie d'y aller, pourtant il faut bien s'alimenter et sortir voir du monde. Je prépare au mieux Tristan : « Tu seras sage, hein ? Tu obéiras à maman ? » Au début, il semble vouloir marcher calmement dans les rayons, quand soudain il part sans raison – oui, il aime plus que tout "détaler" – et sort du magasin. Je le suis en courant comme si je jouais avec lui, pour le protéger des dangers de la route

– foncer sous un camion est devenu son jeu favori. Je cours, mais sans lui donner la main, je ne veux pas créer plus de scandale. Pas de chance, tout le monde nous a remarqués. Comme chaque jour, je croise des villageois qui se moquent doucement : « Alors, c'est le p'tit qui promène sa mère ? » Prise d'un sursaut d'honneur, je décide de foncer pour stopper Tristan. En me voyant arriver pour l'attraper, il m'esquive, se jette par terre de rage et se frappe les cuisses en hurlant. Le spectacle commence : j'essaie de le relever, il m'attrape par les cheveux, me couche presque au sol en tirant, devant les badauds médusés. J'essaie de garder une expression la plus neutre possible, je sens que je passe pour une extraterrestre. En fait, je contiens ma rage et ma gêne, je défais un par un ses doigts noués autour de mes cheveux en tremblant. Je le félicite de se tenir debout et me force à garder mon sang froid. Les gens sont outrés, j'entends : « Y'a des claques qui se perdent ! », « Elle va en faire un voyou. » Je prends Tristan dans mes bras et on rentre sans acheter quoi que ce soit.

On fera les courses demain.

Vers midi, je m'arrête dans la rue pour dire bonjour à une voisine très curieuse de connaître les détails de mon emploi du temps. Je tente de me justifier sans beaucoup de conviction, j'ai autre chose à faire et, surtout, Tristan à contrôler. Hop, il s'échappe à nouveau de la voiture et court à fond sur la route en pente couverte de graviers. Je suis pétrifiée, il va trop vite, il risque de tomber. En effet, il dérape, fait un vol plané et atterrit en glissant sur le visage. Je ressens ce frisson douloureux dans tout le corps, cette électrocution que je connais trop. J'étouffe d'angoisse en le relevant, même si je suis habituée à cette souffrance, ce coup de stress qui me cingle trois fois par jour quand il se jette vers une voiture, ou saute dans un lac en plein hiver.

J'ai peur de ce que je vais voir. Toute sa peau est abîmée, heureusement ce ne sont que de simples égratignures sans gravité, mais il peine à reprendre son souffle, hurle et me tape. Il est furieux et essaie de me mordre, fuyant mes bras. Je lui explique que ce n'est pas ma faute s'il est tombé par terre : « Je t'avais bien dit de ne pas courir sans regarder ! »... Tout le monde a compris que ce n'est pas cette phrase molle qui va contenir mon fils. Les voisins me regardent tristement : « Mais enfin, il faut l'empêcher de courir tout le temps ! Si on se laisse faire avec les gosses, c'est eux qui nous bouffent ! »

Je n'ai pas le temps de me justifier et, de toute façon, je n'ai rien à dire pour ma défense. Je n'ai plus qu'à le laver et le désinfecter. Au moins, cette fois, nous n'avons pas besoin d'être quatre pour le tenir et le recoudre, comme le jour où il a atterri le front encastré dans un rebord en briquette. Je ne me plains pas, c'est une bonne journée.

Après cet incident, je prépare le déjeuner de Tristan, il me regarde cuisiner, il est calme, car il adore manger. C'est sans doute de la magie pour lui, toute cette nourriture dont il est amoureux, les incroyables variétés de saveurs : le piment, le curry, les œufs de cent ans, la moutarde, les tartiflettes, le chili... Il mange avec les doigts en sautillant – je ne sais pas comment l'asseoir depuis qu'il a un an – et se couvre de nourriture jusqu'aux cheveux. Il a terminé, j'aimerais à mon tour grignoter quelque chose mais c'est mission impossible. Tristan veut ressortir, il s'énerve et crie à la porte. Je suis épuisée, et il est entièrement taché de cassoulet d'oie, pourtant il va falloir l'emmener d'urgence au lac, il trépigne, je le sens monter en puissance. Je prends sur moi, j'oublie ma fatigue, je préfère courir des heures derrière lui sur la plage, je préfère le rattraper quand il plonge sous l'eau en toute confiance alors qu'il ne sait pas nager, et me casser le dos, plutôt que d'entendre ses cris devant la porte.

Soudain, il se calme, j'ai bon espoir de repousser la sortie, quand un voisin passe près des fenêtres avec une quinte de toux. Tristan se met à trembler, devient blême et finit prostré dans un coin. C'est tout le temps le même problème : je dois éviter le moindre choc sonore, sinon je ne peux plus stopper ses larmes. Chaque fois qu'il entend un bruit fort, il pleure pendant des heures, impossible de le consoler. Je lui pose des nounours autour de la tête, je le prends dans mes bras, je sautille, je danse, rien ne marche, il n'est plus qu'un océan de larmes.

Je cède donc et prends la voiture. Nous arrivons au lac, il continue de pleurer jusqu'à ce qu'il voie l'eau. Mais ce calme ne va pas durer. Je découvre avec effroi qu'un groupe de jeunes ados en vacances a débarqué sur nos terres. Tristan marque un arrêt, l'œil vif, je le pressens, il va laisser s'exprimer son instinct tribal, offusqué d'avoir été colonisé en douce.

Je tente une diversion : « Viens de l'autre côté on va jouer aux balançoires » mais NON, il vise droit devant lui, il tient en joue les serviettes des intrus, postées à environ cent mètres, ses habitudes sont contrariées, je sens très mal l'affaire. La cible bien ajustée en ligne de mire, il part comme un boulet de canon, fonce sur son territoire bafoué, reprend ses droits et saute sur les serviettes à pieds joints en hurlant, en éclatant de rire et en pleurant. Le groupe d'ados recule en cercle autour de lui. Je vois la scène de loin, ma tête s'embrouille, je cherche une stratégie éducative classe qui me sauverait la mise en une seconde. Mais rien, bien entendu, ne me vient à l'esprit. Les adolescents ont l'air particulièrement atterrés en regardant la scène. Pétrifiés, ils ne réagissent pas. Je n'aime pas ça, ce n'est pas normal, je m'approche : il est en train de faire pipi et caca sur leurs affaires ! Je ne pense pas avoir vécu une telle honte dans toute mon existence.

Je me drape instinctivement dans l'ultime solution qui me reste : arriver lentement, dignement, prendre silencieusement Tristan par la main, et repartir sans regarder personne, sans m'excuser, avec la noblesse hiératique d'une comtesse désabusée. Ils sont trop surpris pour réagir. Je suis consciente du prix à payer : ne plus revenir à cet endroit, de tout l'été.

Après deux heures de promenade, nous rentrons. Je n'ai qu'une envie, faire comme tout le monde, prendre un livre et m'étaler dans l'herbe avec un thé, écouter les oiseaux, et buller. Ça restera du domaine du rêve… Et la journée ne fait que commencer.

Georges, son père, me téléphone, il appelle très souvent pour savoir comment nous allons, il s'inquiète, mais a de moins en moins la force de venir, il s'éloigne de nous, il ne sait pas comment gérer Tristan. Se sentant totalement démuni, il a beau vivre extrêmement mal la distance, il ne peut nous rendre visite. Cependant, il le garde ponctuellement quand j'en ai vraiment besoin.

Je raccroche et parviens à changer la couche de Tristan sans qu'il fasse de crise. J'espère qu'il acceptera de rester quelques heures à la maison, mais ce n'est pas certain, il pleure à la porte. Nous n'avons plus le lac comme lieu de sortie, il faut en trouver un autre. D'urgence.

Nous remontons dans la voiture et roulons, Tristan s'impatiente, j'essaie de le calmer : « Je ne suis pas de la région, je vais te trouver un autre lac mais laisse-moi le temps ! » C'est vrai, je ne connaissais que le métro jusqu'ici… Et les musées, les concerts, les études, les vernissages, les agendas remplis et des enfants tout à fait gérables à garder pour payer mes études. Je sais donc très bien que mon fils est "spécial". Les gens disent qu'il est juste très très mal élevé. Mais ce n'est pas normal de refuser de donner la main, de vouloir sortir toute la journée, de répéter en boucle des mots sans aucun sens et de ne pas s'exprimer sur le reste, de trottiner cinq à huit kilomètres par jour sans se fatiguer, de ne pas répondre même d'un signe de tête, de ne pas être propre du tout à trois ans…

« Tu n'as qu'à le laisser dans ses couches sales », répètent les gens.

Je le fais de temps en temps pour tester la méthode. Il adore ça.

Je roule depuis vingt minutes, quand j'aperçois de l'eau, j'ai enfin trouvé un lac sauvage, apparemment désert, c'est magnifique !! Nous sortons de la voiture, il est content, je le vois, il est calme, il sourit. Des dunes, des cailloux à perte de vue, un lac très long qui s'étend sur des kilomètres, et la forêt en face. Tristan est ravi, il court partout, mon stress redescend d'un coup, son sourire me fait relâcher la pression. Je peux m'asseoir, je me sens comme au hammam sous ce soleil de plomb. Avec la sensation d'être ailleurs, sur une île, une autre planète. Je mets mon mp3 à fond sur mes oreilles et je pars.

J'ai laissé mon esprit vagabonder depuis environ… une minute ? Je ne sais pas… Un long moment d'envol, de repos absolu, je n'entends plus ses bruits, ses petits cris bizarres permanents, j'écoute Muse, je sens le vent sur moi, je regarde les insectes ramper sur l'eau verte, le ciel et les arbres qui s'y reflètent, le sable, ses courbes qui courent… Je suis en Australie.

Je sais que je ne dois pas faire ça. Je n'ai pas le droit de me détendre, je dois toujours être aux aguets. Se laisser flotter, partir loin, c'est risqué mais j'en ai vitalement besoin. Ce voyage n'a duré que deux minutes environ… Je me réveille en sursaut : pas de Tristan. Je me lève, je l'appelle. Lui qui fait sans arrêt des bruits, si je ne l'entends pas, c'est qu'il est déjà loin, il court vite. Je suis un monstre, une inconsciente, je sens mon corps se vider, un courant froid me glace. Je marche avec peine, je respire mal, je ne vais pas le retrouver, je ne connais même pas cet endroit, mais comment j'ai pu le lâcher ?

Je suis en train de perdre du temps, au moins quatre minutes, car j'ignore si je dois partir vers la gauche ou la droite, les dunes me cachent la vue. Il court sûrement encore très vite, sans ralentir, même sous cette canicule. Je reste immobile et pleure comme une bonne à rien. Je suis furieuse autant contre moi que contre lui. À ce moment-là, j'entends des bruits de sabots. Il se produit une telle coïncidence que je crois avoir une hallucination ou me retrouver dans un téléfilm allemand : un groupe de cavaliers souriants sort d'un buisson et apparaît devant moi. C'est Jean, le moniteur du centre équestre, en balade avec ses élèves.

« Salut Anne-Sophie, tu vas bien ? Qu'est-ce que tu as ?

— … Je viens de perdre Tristan… À l'instant… Je ne sais pas du tout dans quelle direction il est parti… »

Immédiatement, il lance des groupes d'élèves au triple galop dans toutes les directions. L'un d'entre eux l'aperçoit au-dessus des dunes, très loin. Je suis heureuse, je cours, il fait 37°, mais je cours à fond, dans le sable, sourde à mes sensations d'épuisement. En transe, comme un cheval. Je l'appelle en hurlant, je le vois tout petit courant vers l'eau. J'arrive jusqu'à lui, je ne sais pas comment j'ai fait, j'ai failli m'évanouir à bout de souffle, mais j'ai largement dépassé les cavaliers qui étaient partis en même temps que moi.

Il me voit, il me rejette, « eux pas », dit-il. J'ai envie de l'étouffer de baisers, mais il continue de filer.

« Madame, dira la pédopsychiatre un an plus tard, vous êtes dans l'emprise et le contrôle permanent de votre enfant. Laissez votre enfant respirer, laissez-le s'exprimer, vous le dévorez continuellement. »

Oui, Madame, mais vous ne comprenez rien du tout, si je le lâche, il meurt, et ce n'est pas un délire de mère toute-puissante. C'est la réalité quotidienne. Venez vous occuper de lui dix jours, et vous comprendrez que si vous voulez éviter que les services sociaux ne vous l'enlèvent pour négligence, mise en danger, plaies et disparition, il faudra être sur lui toute la journée, chaque seconde. Plusieurs mois après, je n'imaginais pas que ces phrases résonneraient dans ma tête, en boucle, pendant des années, avec l'insupportable culpabilité qui rongerait mon corps.

Nous rentrons à la maison. Tristan est très énervé. Je l'emmène dans le salon, et nous nous asseyons sur un tapis, avec des Lego. Il se relève et court dans toute la maison. Je vais le chercher : « Tristan, viens, c'est rigolo de jouer ! »

— Eux pas ».

Il part se réfugier dans la cuisine. Je suis fatiguée, je dois trouver une solution pour ne plus rester debout. Ne plus être en mouvement, quelques minutes. Parce que la soirée ne fait que commencer. Et je ne me suis pas encore assise aujourd'hui, sauf pendant ces deux minutes apocalyptiques où j'ai été bien récompensée.

Je me croise dans le miroir, mes cheveux sont sales, je les ai attachés, c'est bizarre ce visage crispé, ces lèvres abîmées. J'étais tellement habituée à me voir pomponnée. Autrefois, comme toutes les filles de mon quartier du Marais dans les années 1990-2000, puis de ma Fac de Paris 8, mon souci principal dans la vie était d'avoir un style précieux et populaire en équilibre entre le romantisme et la rue. Des talons très hauts, mais confortables, sur un jean usé – mais juste ce qu'il faut, ce n'est pas évident. Il fallait que l'usure bohème tranche avec une mise en beauté raffinée, un parfum vintage, un long manteau de friperie, des cheveux d'ondine et un parfait maquillage de théâtre des années 20. Mes problèmes étaient dérisoires : « Ah mince, trente-cinq heures à garder des enfants c'est épuisant, je ne vais jamais rendre mon mémoire de Master à temps ! » ou bien : « Je suis lasse, j'ai trop d'amis en ce moment et je n'ai plus envie de sortir ni de parler pendant un jour », en passant par de lourds sacrifices concédés au chant ou à la lutherie : « Non, ce soir je ne reste pas jusqu'à la fin du vernissage, demain je travaille à 7 h 30 et j'ai besoin de toute ma tête et de tous mes doigts. » J'étais fascinée par les belles choses, la lutherie, l'histoire de l'art et des religions, les amis de pays divers. Une autre vie qui me semble bien loin, lorsque je menais une carrière dans l'opéra, lorsque je donnais des récitals.

Dans le miroir, ce soir, je suis à l'état brut, j'ai des nœuds dans les cheveux, le même jean depuis deux semaines, un tee shirt verdâtre couleur sale, mon agenda est vide et mes ongles cassés. Je suis assise là, à attendre je ne sais quoi, à rêver de ma vie d'avant, je suis partie depuis juste vingt ou peut-être quarante secondes, je ne sais pas, j'étais absorbée. Un bruit en provenance de la cuisine me sort brusquement de mes rêveries, c'est vrai, j'avais oublié que Tristan s'y était réfugié pour éviter les jouets. Il a escaladé la table puis le meuble et ouvert le désinfectant pour ses plaies au visage, il commence à le boire. Je le lui arrache, il hurle, je vois autour de lui sous la table une flaque d'huile, de la semoule saupoudrée partout, quelques cotons mélangés… Ça tombe bien, je ne savais pas quoi faire pour le dîner.

Tristan pleure sans arrêt depuis plus d'une heure, depuis que nous sommes rentrés. J'ai mal à la tête, je n'ai pas mangé, j'ai oublié de boire. Il a jeté tous les jeux que j'ai proposés. Je le sens triste, mélancolique, l'esprit sombre. Comme chaque jour, sans armes pour le consoler, j'ai ce besoin urgent de combler son vide, de l'envelopper comme pour lui donner ce qui fera cesser ce chagrin.

« Madame, laissez votre enfant pleurer ! Vous n'êtes pas TOUT pour lui : vous ne pouvez pas tout contrôler, être dans le pouvoir absolu sur tout ce qui lui arrive, ni le remplir de VOUS. »

Par la suite, j'ai eu beaucoup de mal à le laisser se nouer autour de mon cou. Mais cet été-là, j'étais encore libre de tout jugement, et je faisais ce que mes réflexes de mère me dictaient.

Je lui propose de se calmer avec notre petit rituel du soir : je mets le disque d'anciennes valses musette de Patrick Bruel, il adore. Je le porte, il m'enserre de ses mains et de ses jambes, je le tiens bien fort contre moi, comme une maman singe emmenant partout son bébé agrippé. Nous passons des heures à virevolter tous les jours dans le grand salon nu, glacial et sombre même en été, sous les poutres hautes, contre l'immense mur du fond en pierres où j'ai installé sa musique. J'adore ces moments, j'arrive à communiquer avec lui, à le bercer. Je peux couvrir de baisers sa joue immobile au rythme des trois temps.

Nous dansons depuis au moins une heure et demie, j'ai mis presque deux fois le disque. Mes épaules sont endolories, je ne l'ai même pas remarqué. Il n'a plus crié pendant ce moment suspendu, juste quelques gémissements. Je l'ai serré plus fort, j'ai tourné plus vite et c'est passé.

Je vais le mettre au bain : solution lâche et coûteuse, mais tant pis, il faut que je m'asseye.

Une amie m'appelle. À Paris, sur une trentaine d'amis, j'en ai deux qui n'ont pas fui. C'est normal, qui va venir chez moi si loin, écouter des cris et courir derrière un enfant ?

En même temps que je réponds, j'essaie de déshabiller Tristan pour le mettre au bain, il crie, elle ne m'entend pas bien. Au bout de dix minutes, elle me dit :

« Je t'entends plus ! Je sais pas comment tu fais, ça m'a déjà épuisée tout ce bruit, je te plains, c'est horrible… »

Je lui réponds :

« Oups, de toute façon, je te laisse, excuse-moi, Tristan vient de faire caca par terre.

— Quoi ?

— Je te rappelle ! Il a fait caca par terre !

— Aïe, trop drôle, chaque fois que je t'appelle tu me dis ça !

— Normal, il le fait cinq fois par jour, ça optimise tes chances de tomber dessus quand tu appelles, ha ha !… »

Je préfère en rire. Je trouve toujours le moyen de rire de cet enfer. Tant que c'est possible de garder le sourire car, pour l'instant ce n'est rien, ça ressemble seulement à une vie difficile avec un enfant mal élevé. L'enfer, ce sera un an plus tard…

À vingt-deux heures passées, Tristan est toujours dans le bain ! Il y a pris son repas : cinq gâteaux, un bol de cassoulet et deux yaourts. J'ai réussi à m'asseoir cinq minutes entre deux services. Il a jeté les restes et tout ce qu'il ne voulait pas dans l'eau, qui est dégoûtante, marron, sirupeuse. Je dois utiliser une épuisette pour ne pas boucher la baignoire. Le bain se vide lentement, au rythme de son front qui se plisse.

Il sent la chaleur diminuer, son corps s'alourdir, il va quitter ce qui le soulage le plus, cette enveloppe rassurante. Il faut que je le sorte, il ne veut pas, le combat commence, je n'ai pas le choix : il faut le rincer et tenter de le mettre au lit. Jamais je n'ai pu le faire sortir du bain sans le vider alors qu'il était dedans. C'est sa seule motivation pour en sortir. Il tente en vain d'y rester, espérant peut-être que l'eau va revenir. Il a froid, il est sale, il crie, se contorsionne, je voudrais avoir six bras. Vite, maintenant que la baignoire est vidée, je le rince à l'eau bien chaude, je le savonne, mais il refuse toujours de sortir, il glisse, j'ai peur qu'il tombe et se blesse. J'ai mal aux épaules, parce que sans cesse, je le tiens, je le soulève. Le médecin veut me faire tout stopper et m'opérer des épaules, il veut que je ne soulève plus rien. J'ai mal partout en vérité, mais je n'ai pas d'autre choix que de le soulever, il ne le fera pas de lui-même, par obéissance…

Je l'enveloppe enfin dans un peignoir, et le pose sur le canapé pour l'habiller. J'ai droit à un concert de babillages répétitifs très sonores : le front plissé, la bouche tombante, il proclame sa revendication. J'ai l'estomac noué. Chaque fois que je lui mets un chausson, il l'enlève, je lui remets, il le jette. Il bouge toujours énormément, se faufile comme une anguille pour éviter d'enfiler le bras ou la tête, il refuse certains vêtements, il veut surtout du orange. Il se retourne et ondule jusqu'au sol, puis détale…

Je réponds au téléphone, puis me retourne pour voir ce qu'il fait, il est calme, il sourit ; je reviens vers lui, il a l'air très amusé. Il a fait pipi sur le canapé. Je le gronde mollement mais je suis exaspérée, ma colère consiste à lui expliquer combien j'en ai assez de ne jamais m'arrêter de réparer ses bêtises huit mille fois par jour, ce qui m'enlève du temps pour m'occuper de lui etc. Plus je me plains, plus il rit.

Il n'est pas encore propre, j'espère que l'école va quand même le prendre à la rentrée…

À minuit, je le mets au lit. C'est un moment d'angoisse extrême. Je le couche, et je sais ce qui va se passer. Mon cœur ralentit, un battement sur deux, je sens mon diaphragme qui sursaute, je me sens comme étourdie. Je le câline, je lui dis : « Reste calme, s'il te plaît, endors-toi, endors toi… » J'essaie de lui raconter une histoire mais il couvre ma voix de ses vocalises étranges, je caresse son front mais je l'énerve. Alors je l'embrasse et je sors. Ça commence, il pousse des hurlements abominables, comme une personne qu'on torture. Des cris qu'on n'imagine pas sortir d'un si petit corps en bonne santé. Le silence, le noir, c'est peut-être cela la pire torture qu'il ait jamais connue. Je prends cela comme une agression envers moi. J'en ressens chaque fois une colère folle, je ne fais pas partie des mamans parfaites qui peuvent dire qu'elles ont veillé leur enfant qui hurlait toute la nuit, en lui caressant la tête. Non, je n'entre pas dans la chambre pour le consoler. Moi je me crispe et je ne réagis pas. Je me construis un front de marbre qui ne flanche jamais durant ses transes nocturnes puisque, le jour, je cède. Je le cale dans son lit à étages dont il n'ose pas descendre, et il sort toutes ses tripes et son énergie pour manifester sa furieuse révolte.

Chaque nuit, le lit traverse la pièce, Tristan se tient à la barre du cadre et donne de telles impulsions vers la porte que, dans un tapage infernal, il arrive à le soulever comme un ballon sauteur. Par petits bonds le lit finit par se coller contre la porte. J'ai peur de ne plus pouvoir lui ouvrir le matin, mais je reste couchée avec le mp3 à fond qui n'arrive même plus à couvrir ses hurlements et le fracas du lit contre le parquet. Les chocs sonores m'assassinent pendant des heures.

Je vis comme ça depuis un an. Je crains de ne plus arriver à survivre. Mais si je cède… je sais qu'aucun muscle ne me portera le lendemain pour le suivre.

Malgré les boutades récurrentes sur ma maigreur, les gens qui me croisent disent que j'ai l'air joyeuse, en pleine forme. Je ne comprends pas. Je porte sûrement un masque. Je ne peux pas avoir l'air heureuse, ou bien je suis nerveuse et guillerette dès que je croise enfin un être humain ? Seule dans mon salon, parfois, la nuit, je me lève juste pour pleurer. Je ne m'étais plus entendue sangloter depuis l'enfance, je m'y suis remise. En vérité je pleure tout le temps. Je pleure mon fils, je pleure ma vie d'avant. Je pleure dans mon oubliette d'où personne ne m'entend. Je pleure dès que personne ne peut me voir, même parfois quand je fais les courses… J'ai le visage saturé de larmes, les yeux gonflés.

Je ne dirais pas que ça me fait du bien : au contraire, ça me met face à l'éternel supplice. J'oscille entre le masque et l'écroulement… Je préfère porter un masque ; il me contient… sans lui, je pourrais ne pas me relever. J'ai peur de tomber dans le vide, je ne veux pas trop regarder les bords du ravin. J'ai tout essayé, personne ne peut ni ne veut me relayer. Alors il faut que je tienne peut être encore des décennies, que je tienne debout et droite. Ce n'est pas en m'effondrant que je vais aller loin.

Mille interrogations m'assaillent, je ne comprends pas ce qui arrive et crains que l'avenir ne me réserve d'autre sort que l'immersion progressive dans ce royaume de cris aveugles, qui gagne du terrain, nous colonise, alors que je tente sans relâche de le ramener dans "notre monde"… J'ai gardé sans heurts des enfants au caractère bien trempé mais lui, il a une énergie sans fond, sans limite. Il va jusqu'au bout de tout. Ses bras de fer sont d'une force qui puise sa rage je ne sais où, et cette source, j'ai peur de la connaître.

De l'emprise à l'internement

Dans mon village, certaines personnes sont gentilles. Extrêmement médisantes pour la plupart – c'est le poison de la région –, mais affables. Ces gens aiment quand même bien Tristan qui a le don d'envoûter tout le monde. Il sent la pomme et la paille, on est sous le charme de son sourire protecteur, ses joues de poupée, sa dégaine de Tintin, son regard brun chocolat, ses yeux immenses, son air vaillant, son nounours qu'il tient par une patte nuit et jour, sa salopette usée, son envie d'aventure. Il a l'allure d'un enfant héros sorti d'un vieux livre. Pourtant il vit dans l'angoisse perpétuelle de ne plus m'avoir dans son champ visuel même si, de façon totalement paradoxale, il lui arrive de s'enfuir tout à coup, de détaler droit devant lui. Pourquoi alors, à ces moments, ne ressent-il brusquement plus le besoin de me savoir près de lui ? Ses fuites sont-elles des transes lors desquelles il ne sent plus ses jambes, au point de ne pas avoir conscience du moindre danger ? C'est encore un des mystères de son royaume...

Il y a une jeune fille de dix-huit ans, dans le village, qui l'a adopté comme son petit frère. C'est étrange, pourquoi elle ? Personne ne s'intéresse à lui, même si tout le monde me fait des compliments partout où nous allons, sur sa beauté, ses cils immenses, son air fripon. Puis au bout de dix minutes, les gens s'enfuient. Tristan stresse et épuise tout le monde sauf Julie qui l'adore. Elle joue souvent avec lui, elle lui passe tout, il ne l'agace jamais, elle me propose même de le garder. Je la comprends, il est irrésistible quand on veut bien s'intéresser à lui. Ses câlins, mille fois plus prenants que ceux d'un enfant calme, m'arrachent le cœur. Il peut tout détruire, mes tympans ou la maison, la seconde d'après je lui pardonne tout, il se love dans mes bras et me regarde tendrement.

Pourtant, les choses empirent. Tristan a maintenant trois ans et demi et commence à parler souvent, mais ça n'a aucun sens, il baragouine des incantations, des questions-réponses, en boucle, assez difficiles à comprendre, mais que j'ai fini par traduire par : « C'est des crottes ? Non c'est pas des crottes. C'est des p'tits bonbons ? C'est pas des p'tits bonbons » mais je n'en suis pas sûre. Il susurre ces mots pendant des heures en tapotant inlassablement des objets en forme de dôme. Parfois il faut que je réponde à ses questions, je dois répéter cinq ou six fois « Non c'est pas des p'tits bonbons », sinon il devient fou de rage, et surtout s'arrête au beau milieu de la route, et refuse d'avancer tant que je n'ai pas répondu LE bon nombre de fois sur LE bon ton… J'imagine que ce sont des TOCS, je sens ce cauchemar croître de façon diabolique.

Il sera évident pour certains médecins, six mois plus tard, que c'était le ventre de la mère qui lui posait problème…

Mais en attendant de connaître ces brillantes interprétations, j'ai naïvement pris rendez-vous chez son généraliste – depuis que j'ai quitté Paris, il l'a vu trois fois et n'a jamais relevé le moindre trouble – pensant qu'il faudrait consulter un neurologue. J'ai le pressentiment que quelque chose engloutit mon fils. Je le perds doucement, son esprit se disloque, se fond dans une brume.

Devant le médecin, j'essaie de libérer mon cou des petites mains verrouillées de Tristan. J'ai enfin réussi, mais il est terrorisé et il faut encore le faire marcher un mètre, jusqu'au médecin. On essaie depuis trente minutes. « C'est normal, dit le médecin, beaucoup d'enfants de cet âge sont collés à leur mère »… Pourtant on voit aisément qu'il ne peut obéir à aucune consigne, et quand enfin il accepte un examen au stéthoscope, il ne supporte pas que je le félicite. Il se comporte comme un adolescent rebelle à qui on dirait : « C'est bien, tu es un brave garçon. » Suprême humiliation. Si je récompense une bonne attitude, il se fâche et enchaîne sur une action dangereuse et interdite, il fait l'inverse de tout ce que je lui demande, il cherche le conflit : aime-t-il être grondé…? Chacun y voit une volonté de sa part, une forme d'intelligence destructrice.

L'examen médical se passe bien. Le médecin me dit qu'il n'a rien et se développe normalement !

Plus j'évoque son opposition sévère et constante qui m'épuise, plus le médecin le prend pour un mal élevé. Comme le croient tous les voisins. Il est « juste un peu trop dans les jupons de sa mère ». Apparemment, je ne suis pas assez autoritaire et j'ai avec lui un ton de voix plus plaintif et désespéré que ferme et assuré. Pour une personne extérieure à notre microcosme, je me présente comme une femme sans aucune réactivité, démissionnaire, qui a sans doute rendu les armes face à un enfant qu'elle pouponne égoïstement comme un petit bébé. Une mère qui exprime peu de choses, à part une douce complainte pouvant passer pour une lassitude dépressive. C'est vrai, je ne suis plus qu'une ombre, parce que mon énergie commence à manquer. Après l'avoir grondé pendant des mois, maintenant je ne me fâche plus contre mon fils, parce que ça ne marche pas. Ça n'a jamais marché avec lui. Personne ne peut le savoir. Et même si le voisin las de ses cris aigus lui a hurlé : « STOP ! ARRÊTE !!!! » un matin, et que Tristan est resté figé, il a recommencé de plus belle juste après. Je ne lui montre pas trop d'affection en public, parce que j'ai peur qu'on me dise de le lâcher un peu, j'entends sans arrêt :

« Ça suffit les mamours il est grand maintenant ! Après tu t'étonnes qu'il soit infernal ! »

Le médecin ne peut pas comprendre ce que je vis chaque minute. Toutes ses crises peuvent passer pour des caprices. Comme je suis trop "affectueuse", on en déduit souvent que ça le rend dépendant et anxieux. Je n'ai pas le temps d'expliquer aux gens que Tristan court et sautille maintenant douze heures par jour, ni d'argumenter quand ils trouvent la solution en dix secondes. Je suis complètement lassée du "yaka".

Je repars déçue et m'enfonce de plus en plus dans son monde.

Au royaume de Tristan

Je sors Tristan tous les matins. Quelle que soit la saison, l'air est frais dans les prés à 7 h 30, même en été. Les chemins sont magiques, nous sommes toujours seuls… Nous sommes nuit et jour en train d'arpenter les forêts. *Je pense que je deviens à moitié lutin. L'absence de dialogue humain, l'isolement me confèrent un accès facile aux sensations panthéistes comme mes aïeux Sioux les ressentaient dans leurs hautes collines. Je ferme les yeux pour humer le parfum de la mousse et de la terre, les embruns des cèpes, des tourbières et des moutons. Un aboiement fend la brume, puis le chant d'un coq et son écho discret. Un concert d'oiseaux sortis précipitamment des bois résonne d'un coup et s'amplifie. Je pars au pays des elfes, la solitude sublime l'extase devant les herbes couleur jade quand le soleil les traverse. Au-dessus d'elles, des insectes volants : une légion de fées danseuses. Je vois là-bas des sapins nous saluer lentement, s'incliner et se dresser au gré du vent. Les animaux se sont habitués à nous. Je croise des chevreuils moins farouches, de grands oiseaux à la gorge jaune pâle qu'on ne voit nulle part, des chats sauvages qui nous fixent longtemps, l'œil noir écarquillé, avant de grimper jusqu'au sommet d'un arbre en nous voyant arriver trop près. Les couleuvres vertes et or n'ont plus peur quand j'avance doucement vers elles, elles nous barrent le chemin et restent figées là.*

Mais Tristan ne les voit jamais. Le serpent le laisse de marbre.

Il ne voit, en apparence, rien. Il ne regarde pas, je lui montre les animaux, il flotte, je lui parle, il trotte. Il ne fait que ça, trotter ou sautiller. S'arrêter, ramasser une plante, repartir. Sans arrêt. Dans les chemins, dans la maison. De sept heures à deux heures du matin. Il trotte et je n'ai qu'à suivre, cinq ou dix kilomètres par jour. Là, il ne crie pas. Nous partageons quand même ces moments, sur deux rives différentes, que nous apprécions chacun avec ses propres sensations, lui trottant librement, et moi en pleine contemplation. Peut-être observe-t-il le paysage, connaît-il tous les animaux, peut-être pas... Tous ces périples ne nous amènent jamais à rien de convenu, de sociable. J'ai plusieurs fois essayé de préparer un pique-nique, quelque chose dans la norme, qui ne m'enterre pas dans son monde bizarre. Souvent je choisis un endroit joli sur la mousse, je lui montre des victuailles qu'il adore, je propose de m'arrêter, j'étale une couverture. Il jette et renverse tout, il hurle si j'insiste, reste contrarié jusqu'au soir, peut-être parce que je cherche à entraver son rituel vital : trottiner. Peut-être parce que je suis violente en essayant de l'amener vers une activité convenue, normative, hors du royaume, hors du temps qu'il gouverne.

J'ai tellement besoin de partager "normalement" des choses avec lui… Mais il le refuse. Je pleure quand je vois un enfant de deux ans parler à ses parents.

Un jour, nous marchons dans le chemin qui mène vers le fond de la forêt, quand nous croisons une famille. Le garçonnet est en train de montrer les chevaux et dit : « Dada ! Dada ! » Mon estomac se tord. Les parents sont fiers et me racontent longuement tout ce qu'il sait faire et dire. Je souris poliment, j'ai l'impression de grimacer. Tristan s'approche alors du petit avec un grand sourire et le gifle.

« Je suis désolée ! Je suis vraiment désolée ! Tristan, qu'est-ce que tu as fait ?! »

En le grondant, je joue la comédie pour être conforme à ce que la société attend de moi, tout en sachant combien c'est inutile…

« Ce n'est pas grave, ça arrive », répondent les parents en partant, légèrement mal à l'aise.

Qu'en dira-t-on

Je ne les reverrai sûrement pas, et ils vont certainement raconter ça à tout le monde… La médisance… Ce fléau fait fuir tous les nouveaux arrivants auxquels j'ai parlé. La diffamation, à ce point, même si les villages en général sont réputés pour ça, ici, c'est le Centre National Du Ragot Dévastateur. Tout l'inverse de Paris : les gens sont bien élevés et très aimables au premier contact, distants et malveillants au second. Ils brisent des couples par d'horribles rumeurs qu'ils répandent, c'est un sport. Dès mon arrivée, des gens se sont présentés à ma porte uniquement pour me dire : « Voyez untel là-bas ? C'est un ménage à trois ! Ne les fréquentez jamais ! » ou bien : « Celle-là, votre voisine, elle vit dans un taudis, son fils la frappe, il boit, il est au chômage… » Ici certains couples plus sains, avec lesquels j'avais un peu lié amitié, m'ont dit avoir complètement fui les gens du village où ils sont parfois nés. Ils vivent isolés, presque autant que moi finalement. C'est triste. Ici on n'est pas soutenu. J'ai le sentiment de vivre filmée, car plus Tristan grandit, plus ces attitudes ne laissent aucun doute : je suis une mère en dessous de tout. Je subis des regards méfiants et moqueurs. « Elle ne fait que le gâter, le flatter, lui donner des bonbons ! Et regardez le résultat ! » « Elle ne fait rien de sa vie, elle ne travaille pas, elle reçoit des hommes… »

À mon arrivée, je n'avais pas encore de permis et j'étais donc tributaire de la générosité des voisins. Certains m'ont aidée, toujours des hommes, ça ne passait pas du tout, nous ne sommes pas dans une grande ville, un homme et une femme dans la même voiture, c'est honteux, obscène.

À Paris, j'étais dans la norme, mais ici je suis la seule qui n'a pas de mari, qui a un enfant infernal et des jeans à pattes d'eph… Je sens que je deviens une bête curieuse, on observe mon quotidien, puis on me pose des questions : « Vous fermez tard vos volets et vous les ouvrez tard !! Mais si j'ose dire, vous faites quoi la nuit ? Sinon la journée, vous travaillez madame ? » Je n'ai plus qu'une poignée d'amis restés à Paris, mais j'hésite à les faire venir, j'ai peur qu'on vienne encore me demander : « Qui est cet homme qui vient régulièrement vous voir et promène Tristan ? »... Dire la vérité – « Eh bien, c'est mon meilleur ami, qui me soutient, sans qui je serais peut-être morte ! » – me rend encore plus suspicieuse. C'est une jolie région, mais dès que j'ose sortir de cette nature enchantée, je deviens le théâtre de la banale méchanceté humaine.

Vu de loin, en passant, avec un œil malveillant, Tristan est un enfant terrible, un être destructeur. Il ne s'assied pas pour manger – il refuse continuellement de s'asseoir –, il a en permanence des gestes nerveux, il pioche dans les plats, il brise les jouets qu'il aime, jette son petit chien mécanique au bout de trois jours, et j'en rachète toujours un nouveau, persuadée qu'il n'y peut rien et moi non plus. L'unique stratégie éducative que j'ai adoptée maintenant, après avoir épuisé tout mon stock d'idées, c'est de partir à la recherche de n'importe quel moment agréable pour lui – un bonbon, un bain, un câlin –, afin d'étancher sa soif ou colmater ses brèches, je ne sais pas trop... Parce que ces moments sont tellement rares ! Personne ne peut comprendre qu'il n'est pas heureux, qu'il hurle souvent comme si on le dévorait vivant, que c'est autre chose que des caprices, et que je ne peux plus supporter son trouble. Saisir son regard triste est une souffrance infinie et pouvoir l'illuminer quinze secondes avec un chien mécanique me redonne vie. Ma quête permanente de lui faire plaisir fait de moi la mère la plus irresponsable qu'aucun voisin ou médecin ait jamais vue. Je l'encourage dans sa mauvaise éducation. J'en fais un monstre et – je commence à l'entendre – un "inadapté". Je crois que je suis prise au piège et je ne peux plus me délivrer.

Le rendez-vous avec la neurologue devient urgent. Tristan est de plus en plus agité, peut-être, encore une fois, reçoit-il en plein cœur mon angoisse montante. Je ne peux l'amener nulle part, chez les gens il détale, fuit, casse. Certains jours, il est si intenable que je dois le mettre au bain pendant parfois sept heures, durant lesquelles il se détend, à manger et à patauger. Je l'alimente et réchauffe son eau, il s'apaise. Je dois reconnaître humblement que, cette fois, j'ai abandonné son éducation : ses cris, je les calme par des câlins ; à ses sautillements anxieux je réponds par des bains, ses violents ennuis je les remplis en le promenant en brouette, quarante-cinq fois le tour du jardin ne suffisent jamais, alors je pars avec lui rouler en voiture des heures pour le calmer. Finalement je deviens une bouée de secours pour lui, pas une maman. Je remplis ses demandes, je contiens ses fulgurantes révoltes. Je ne l'éduque plus, je le maintiens à flot. Une situation aussi précaire, inclassable, unique, ne peut attirer que des commérages et attiser ma honte, renvoyer une image de mère incapable.

Je ne trouve plus d'apaisement que dans l'observation du ciel et des plantes. Depuis que j'ai un nouveau portable, je photographie les branches des arbres, dentelles noires qui cisellent le ciel parme. J'admire les nuages en forme de monstres blancs ou anthracite, selon les heures, je contemple la mousse et le lichen sur le mur, les brumes de thym et de menthe dans la pénombre... Ce petit peuple bienveillant peut transformer mon pensum en délice, me ravir et me soulever de terre comme le son d'un hautbois. J'ai besoin de ces ailes éphémères pour partir un peu, ne serait-ce qu'une seconde. C'est ridicule, ça ne nous fait pas avancer.

Tristan n'a progressivement plus de regard ni sur moi ni sur les gens, il échange de moins en moins. Beaucoup d'enfants ne parlent pas à trois ans : mais ils ont tous les codes sociaux pour dialoguer. Ils répondent par des signes de tête, sourient, imitent les expressions, entrent dans de petits jeux simples avec les autres, montrent ce qu'ils veulent du doigt, expérimentent les jouets comme des outils d'imitation du quotidien qu'ils observent. Ce n'est pas normal que Tristan n'ait acquis aucune de ces "conventions" sociales. Je n'arrive pas à faire comprendre ces nuances subtiles aux médecins qui, en France en 2005, n'ont jusqu'alors jamais entendu parler, ni observé ni même validé, l'existence de toutes ces nuances chez un enfant. Tristan s'alimente de ses propres codes, et si nous ne les comprenons pas, il s'en fiche. Parfois il est surpris qu'on l'imite, qu'on reproduise ses petits sons répétitifs qui reflètent son humeur sensorielle, émotive. Il n'y a pas de sons mélancoliques ou joyeux, juste des sons en boucle. Comme un jeu. Quand on les imite, il est interloqué donc mais pas toujours intéressé, la fonction de ces sons n'est pas de communiquer. Quand on les transforme, par jeu d'imitation, en dialogue, il répond parfois en écho cinq minutes avec la personne et peut s'amuser dans une sorte d'échange avec elle… de manière irrégulière. Rien n'est systématique. Parfois au contraire, ça l'agace. Je ne peux donc pas utiliser comme unique hameçon ce chemin hasardeux pour communiquer avec lui.

De la parole au jeu, l'imitation en tant que lien avec le monde, ne se fait pas spontanément avec Tristan. On me dit souvent de jouer avec lui : « Mais regarde, il s'ennuie, c'est pour ça qu'il crie ! Tu ne lui proposes jamais de jouer. » Plus tard, trois ans plus tard, je me suis pardonné de ne pas avoir forcé mon fils à jouer. Il m'était simplement impossible de lui proposer un jeu sans déclencher une colère vive ; le capitaine du navire perdu avait ses règles strictes et je les enfreignais : ici, on ne joue pas, on trotte.

Je l'observe, je ne fais que l'observer chaque jour. Progressivement, la fonction de ses jouets n'est plus de reproduire des actions ou de créer des situations, comme il le faisait très petit avec les voitures. Il faisait en effet rouler une voiture en imitant le bruit : « Vrrrroomm ! » À présent il les manipule sans conserver leur fonction ; il les "épluche", les décortique, arrache ou croque ce qui cède. On ne dirait pas un jeu, ça n'a pas de sens, il n'invente aucune situation ; tout semble réduit à un moment tactile, sensoriel, qui finit souvent par l'agacer. Il jette subitement l'objet et le casse. Certains de mes proches qui viennent encore me voir le regardent faire, consternés, et concluent : « Pourquoi toujours ce désir, ce besoin de détruire ? » Je vois se tisser autour de lui, et plus seulement autour de moi, une oraison de haine, de méfiance, de rejet.

Ce nouvel être qui naît en lui m'inquiète terriblement. Son "opposition" en fait sûrement partie : il veut rester dans son univers et ne pas s'atteler au mien. Peut-être est-ce pour cela qu'il refuse de donner la main, même dans la rue, pour les quelques mètres qui séparent la voiture d'un magasin. On me dit tout le temps : « Enfin madame, forcez-le ! Ce n'est pas lui qui commande ! »... Ils ne comprennent pas. Mes arguments ne servent à rien, alors je leur montre. Je prends sa main de force, il se jette au sol, hurle, me mord, se frappe la tête, se mord la main, et la crise dure parfois une heure. Même en le relâchant, en lui promettant qu'il pourrait marcher devant moi sans tenir la main, il reste sur cette contrariété qui semble avoir pris les rênes de son esprit. Son énergie destructrice commence à m'asphyxier. Je me vois mourir progressivement, sous les coups de fatigue, je sais que je ne pourrai pas lutter longtemps. Autant sa résistance prend source quelque part... autant la mienne ne peut plus trouver aucun soutien. Le jugement des gens me pèse parfois encore plus que le mal dont j'essaie vainement de protéger Tristan.

Je suis seule à décrypter son absence de codes sociaux, absolument évidente pour moi ; mais incompréhensible.

Devant le généraliste doucement paternaliste, je vois clairement que je passe pour une mère anxieuse et, maintenant, je vais frôler le diagnostic d'hystérie : j'exige un rendez-vous chez la neurologue. Il cède, un peu affligé. Il a l'air gentil, mais je ne préfère pas lire dans ses pensées.

J'espère beaucoup de cet entretien. Je pense bêtement que cette spécialiste va nous sauver. Je sais, c'est idiot, mais j'ai confiance en la médecine pour traiter une maladie, donner des explications, trouver un diagnostic, rassurer et proposer un protocole précis et un traitement.

Trois mois plus tard, la neurologue nous reçoit enfin. Partout, Tristan crie facilement même sans raison apparente, donc d'autant plus dans son cabinet médical. Bien entendu, il refuse de s'asseoir sur la table d'examen, et veut rester serré dans mes bras dont on ne peut pas l'extirper. Alors il y reste, car on ne peut pas l'examiner autrement. La consultation est rapide, je dois tout expliquer très vite sur fond de cris. Elle m'a prise en urgence et semble pressée, j'ai l'impression de chanter une comptine accompagnée par une fanfare. Je fais un résumé rapide de la situation : « Tristan ne dort jamais bien, il crie sans arrêt, il panique dès qu'il ne m'a plus dans son champ visuel, il court huit heures par jour et sautille sans discontinuer, s'oppose à tout, ne s'assied jamais, il est incontinent, il répète des phrases en boucle et ne dialogue pas, il ne joue pas mais casse ses jouets, et ne s'arrête de faire tous ces trucs horribles que s'il est dans le bain ou dans mes bras, quand ce n'est pas dans la brouette ou la voiture. Au secours, madame, sauvez-moi je vous en supplie. » Elle m'explique à l'issue d'un examen de dix minutes que tous ces comportements sont certainement liés au stress du divorce. Malgré les symptômes caricaturaux, l'idée qu'il soit autiste ne l'effleure pas une seconde. « Je vous rassure madame, votre fils n'a rien, il ne faut pas s'alarmer comme vous le faites ! Il n'a pas de souci neurologique, je vais vous orienter vers une collègue psychiatre à l'hôpital. Elle est très bien, vous verrez. Vous avez besoin de parler. » Même en 1955, n'importe quel médecin suédois aurait explosé de rire en entendant ce diagnostic. Maintenant, je ris de cette naïveté, de cette désinformation dangereuse. Mais à l'époque, en France en 2005, les groupes de parents n'avaient pas encore réveillé les foules, encore moins les soignants sur les troubles du comportement. J'allais bientôt découvrir que les psychiatres, censés être des scientifiques, me donneraient tous des diagnostics variables sans aucun protocole d'évaluation – on observe, on jauge l'enfant, on juge les parents, rien de très objectif. Les bilans étaient inconnus ou très mal vus : « Systèmes vulgairement pragmatiques qui collent des étiquettes aux gens, les mettent dans des cases et n'existent qu'aux États Unis. » Pour certains médecins psychiatres en France, l'esprit humain n'est pas respecté quand on le mesure, car il n'est pas mesurable ni logique. Je ne savais rien de ces subtiles considérations. J'allais découvrir bien ultérieurement à quel point j'avais mis les pieds dans le plat en demandant des solutions alors qu'il n'y en avait pas de concrètes, si ce n'est de me lancer dans une psychanalyse sur des années, sans objectif précis ni défini. J'ignorais qu'il me fallait contourner Tristan et ses comportements inouïs, et passer d'abord par l'apaisement de mon esprit malade, pour le ramener au monde… ou pas !

Alors j'accepte comme une manne le rendez-vous qu'elle demande à sa collègue par téléphone. Je suis sauvée, la pédopsychiatre semble très accueillante et disponible trois mois plus tard, un miracle ! Je vais enfin tout comprendre, elle va m'apprendre à gérer et décrypter ces comportements absurdes, me donner les clés de chaque chambre du Manoir de Tristan ! Je vais enfin nous sortir de cet étang dont les tourbillons m'entraînent jusqu'au fond. J'ai hâte d'être à la première consultation. S'il redevient un sage petit garçon, s'il parle et n'est plus incontinent, peut-être que les gens reviendront vers moi, peut-être qu'il aura des amis et une famille, et j'aurai enfin des échanges et des moments agréables avec mon fils.

Les rêves de belle vie défilent… Je mets tous mes espoirs en elle.

Thérapie sans fond

Je suis exaltée comme pour une première répétition. Je suis dans l'entrée de cet immeuble familial, on dirait une ancienne maison de ville. Ridicule Alice au pays des merveilles, j'entre, je regarde tout, l'escalier, le couloir… La salle d'attente est un sas dans lequel je passe dix minutes à rêver d'un bel avenir. La Sauveuse apparaît sans bruit dans l'encadrement de la porte. Elle me serre la main, je suis ravie, expansive et souriante mais elle ne sourit pas et me fait signe de la suivre. Impressionnante, royale... Elle doit connaître trop de choses, et savoir trop bien observer pour se laisser déconcentrer par un sourire. Elle est digne et ses gestes lents sont mesurés, sa voix posée et grave est à peine audible, elle respire l'éminence, le savoir, l'expérience. Elle offre l'image d'un Sage à qui on ne tapote pas l'épaule. Je suis emplie d'admiration. Dans ses attitudes minimalistes, je crois voir l'extrême connaissance de l'autre, dans son peu de coquetterie et son allure très sobre je perçois sa dévotion corps et âme à la compréhension de l'esprit humain.

« Quelle est votre situation actuelle ? »

Je dis tout : « En plein divorce, avec une séparation problématique, des relations tendues, un grand stress, etc. » Je vide mon sac car je n'ai pas grand-chose de positif à raconter à cette période précise. Je veux donner le plus d'informations possibles, afin qu'elle puisse avoir tous les éléments pour comprendre Tristan. Si elle m'oriente en priorité sur ma vie, par ces quelques questions sur moi, elle a sûrement de bonnes raisons. Pendant que je parle de moi et qu'elle me pose des questions sur mon enfance et ma mère, pendant qu'elle semble compréhensive sur chaque point douloureux, Tristan s'ennuie. Il se roule par terre et jette des objets, puis il se met à pleurer, hurler très fort. Soudain il couvre nos voix d'un cri strident, j'esquisse un rictus douloureux, mais elle me fixe en restant impassible. Peut-être suis-je à vif mais il me semble lire dans son regard appuyé, ostensiblement calme devant ce hurlement à cent-vingt décibels, comme un reproche : « Ah oui : vous ne supportez pas ses cris ?… » Je continue quand même de parler, tout en essayant de gérer la colère de mon fils. La situation n'est pas saine, quelque chose me dérange, rien de concret, juste une impression, des regards, mais je me sens peut-être persécutée… Je le prends dans mes bras sans arrêt. Alors qu'il ne se calme que lové dans mon cou, je me sens tellement incompétente devant mon incapacité à répondre autrement à ses colères que je sors une réflexion humoristique gênée :

« Maman, maman, je veux retourner dans ton ventre ! »

Elle enfonce le clou : « C'est exactement ça. Il veut retourner dans votre ventre… »

Je ne suis donc pas paranoïaque, elle juge mon attitude. À la fin de la séance, je lui demande ce qu'elle pense de Tristan, si son malaise et ses oppositions permanentes se relient à des symptômes qu'elle connaît. Elle me dit qu'il fusionne trop avec moi, et que l'école lui fera du bien, que rien ne peut être diagnostiqué pour l'instant, qu'il est trop jeune pour avoir un bilan. Je suis perplexe mais je veux la croire. Je ressors avec la sensation d'avoir juste acheté de l'aspirine pour soigner un ulcère, mais je veux être rassurée. C'est elle la spécialiste.

Tous nos entretiens (j'en suis à la quatrième séance) sont chaque fois orientés sur ma vie actuelle et mon enfance, mais c'est vrai que, pour une fois, je peux parler. Nous sommes en train de lier une certaine complicité, j'arrive souvent à la faire sourire, nous tombons d'accord sur tout. Elle m'amène, en douceur, à envisager que j'ai une part de responsabilité dans ce qui se passe. Très fragilisée, je commence à accepter profondément cette idée. Je suis si seule que je m'accroche à ces séances comme un soutien puissant. Je me livre de plus en plus. Avec tact, sans le formuler elle-même, elle oriente mes réponses jusqu'à ce que j'arrive de moi-même à la conclusion que je reproduis des schémas de mon enfance sur mon couple déchiré. L'état de Tristan en est un autre effet. Les larmes commencent à monter, car je viens d'ouvrir les yeux :

« Mon mariage est la cause de son malheur ? On a fait ça ? »

Elle répond dans un souffle :

« Parfois on fait des choix dévastateurs, ce qui peut amener la destruction de ceux qu'on aime, surtout ses enfants. Mais on va y travailler !

— Mais… Vous voulez dire qu'à cause de cette situation, Tristan est détruit ?

— On va y travailler ! »

D'un coup je ressens le vide sous mes pieds, je me liquéfie, je fonds en larmes devant elle. Elle ne réagit pas. Elle doit avoir eu raison de m'ouvrir les yeux sur mes responsabilités, je comprends pourquoi aider mon fils doit passer par moi.

Au fil des semaines, je trouve que Tristan va de plus en plus mal. Il devient complètement déroutant : ses crises ressemblent désormais à des colères inouïes et, progressivement, tout s'aggrave. Il ne parle pas du tout et jette souvent les objets à sa portée. Il peut répéter le même son pendant des heures et c'est cela qui m'effraie le plus. J'en fais part à la psychiatre, en lui demandant des solutions concrètes :

« Qu'est-ce qui est recommandé pour calmer sa colère ? »

Pas de réponse… Un air profond… Un léger haussement d'épaules… Elle hésite à parler… J'entends, derrière cette gestuelle expressive : « Pfff des solutions, ma pauvre comme vous êtes vulgaire, ici on pense, on n'agit pas. »

Et si elle n'avait simplement aucune réponse ?

Je lui demande avec une fausse candeur :

« Si je vous le laisse dix minutes, vous qui êtes très compétente, comment gèrerez-vous sa colère ? »

Je n'obtiens comme réponse qu'un soupir profond.

Devant une telle incompétence, mon ex-mari aussi cherche des réponses, et finit par acquérir la certitude que Tristan est atteint d'autisme.

L'entrée à l'école

Cette rentrée ne tarde pas à révéler qu'aucune séparation n'aide particulièrement Tristan à se calmer. Les assistantes scolaires, les parents, les familles, tout le monde subit chaque jour les colères de Tristan. Les médisances deviennent sévères :

« Son fils est incapable de se contenir, il est extrêmement violent et elle, qui ne travaille pas, le regarde, en plus, sans rien faire. » On ne peut imaginer les conséquences de ces médisances, tous se passent le mot, il ne faut pas m'approcher, je suis la honte de la commune. Ils doivent penser que je vis partagée entre le shopping, les fêtes et le bridge… C'est normal : ils m'ont vue dans les journaux, chaque fois que je donne un concert, il y a un article, je suis en robe de bal, je chante de l'opéra, donc je suis une aristocrate dépravée. J'arrive en effet parfois de façon très irrégulière à donner des concerts, je peux dans ce cas compter sur Georges pour le garder, il sait combien ma passion importe et me redonne de l'énergie pour affronter le quotidien.

Un papy sonne chez moi. Je lui ouvre, il entre sans se faire prier, s'assied : « Alors vous me payez le café ? » Je m'attends au pire… En peu de temps la conversation arrive sur mon activité : « Dites-moi, j'ai vu des chanteurs à la télé hier, et que ça s'embrassait et que ça se montre bien, et que ça fait le couple devant tout l'monde… Ben dites, vot' conjoint il faut pas qu'il soit trop jaloux si vous faites la chanteuse ! »

J'ai compris le but de la visite. On me prévient, je suis dans la ligne de mire. Ils voient uniquement en moi une duchesse alanguie, qui se fait entretenir afin d'être parfaitement libre de se manucurer les pieds en regardant son fils taper ses camarades… Une image d'Épinal grotesque qui ne m'a plus quittée.

À l'école, en effet, Tristan alterne les comportements de crises aiguës et autres attitudes inadaptées, avec des comportements normaux. Ses aptitudes à paraître "normal" par instants, le rendent encore plus responsable ensuite de ses actes auprès des badauds. Heureusement, l'institutrice et la directrice voient comme moi un trouble évident, elles donnent tout pour m'aider, ça relève parfois du sacrifice. Tristan court sans arrêt, n'est pas propre, ne parle pas, n'obéit à aucune consigne. Il faut sans cesse le contrôler, et elles sont douces et patientes. Un matin j'amène Tristan et l'institutrice me fait remarquer :

« Attention regardez bien, Tristan va s'illuminer ! Sa camarade Camille va arriver : Tristan est amoureux ! Regardez ce qu'il va faire, c'est incroyable, c'est trop mignon, on observe ça depuis une semaine. »

Dans le préau, au milieu du vacarme de 8 h 20, Tristan est bien sûr en train de sautiller en faisant des bruits bizarres. Soudain Camille entre, elle pleure. Tristan la voit s'asseoir sur un banc, il fonce vers elle, ralentit, s'assied à côté, devient tout rouge, reste pétrifié, puis se rapproche stratégiquement de plus en plus jusqu'à la coller.

« Mais laisse mooooiii ! » répond-elle.

Tristan ne se défait pas de son sourire et recule. Il la regarde avec bienveillance, aucune frustration ne se lit en lui malgré ce rejet.

« C'est tout le temps comme ça entre eux », me dit l'institutrice.

En voyant cette scène, je commence à entrevoir une lueur d'espoir, je découvre Tristan sous un jour que je ne connaissais pas. Il est parfaitement patient, ses interactions sont dans la norme ! J'envisage que la psychiatre n'a pas tort. Il va mieux.

Une semaine passe. Je me prépare pour aller le chercher à 16 h 15, lorsque je reçois un appel de l'école :

« Ne vous inquiétez pas, votre fils va bien mais il n'a plus la même tête, il est tombé mais ce n'est pas grave… »

J'arrive effrayée, il a un coquard monumental, son œil est fermé. On me raconte qu'il courait comme d'habitude, à fond dans la cour sans rien regarder, puis il a trébuché et a fait un vol plané pour atterrir sur l'angle d'un banc. J'ai le vertige, je sais que je peux leur parler honnêtement :

« J'imagine que sans ma surveillance permanente il pourrait lui arriver n'importe quoi de pire… ? »

La directrice me confie, embarrassée, qu'en effet ses attitudes ingérables ne font que s'amplifier, il est évident qu'une équipe pédagogique n'est pas plus que moi armée de solutions pour faire face à ce type de comportements. Cette nouvelle me démolit. Hélas je me trompais encore, mon espoir en voyant Tristan amoureux, c'était du vent… Je n'en peux plus des fausses joies.

En trois mois d'entretiens avec la pédopsychiatre, devant si peu de changements, je commence à soupçonner des lacunes dans sa thérapie. Lorsque je lui demande des conseils pratiques, ou un diagnostic, la seule et unique réponse que j'obtiens à toutes mes interrogations est :

« Quand il fait des sons en boucle pendant des heures, chantez le même son que lui, puis déviez vers un autre son, pour l'amener à sortir du cycle fermé. »

C'est tout… Il faut que je me réveille, c'est le moment. Elle ne sait rien.

Aujourd'hui, en pleine séance, elle me questionne, Tristan hurle et j'en ai assez. Après tout on est en démocratie, c'est moi qui décide pour mon fils, alors j'ai bien le droit de lui dire clairement qu'on perd notre temps, qu'il faut agir directement sur mon fils qui perd pied de plus en plus vite :

« Vous me disiez qu'avec l'école tout s'arrangerait, mais il continue de s'enfoncer tranquillement pendant qu'on parle et qu'il ne se passe rien pour lui.

— Mais nous agissons, avec nos entretiens, répond-elle.

— Peut-être mais en attendant il souffre de plus en plus et je n'ai toujours aucun moyen de l'aider.

— Madame, c'est un travail à très long terme vous savez… On n'a pas de solution magique ! Ce sont des années et des années d'analyse et d'observation », répond-elle avec un soupçon de suffisance.

Je bouillonne : « Mais je n'ai même pas de diagnostic pour mon fils, et je vois bien que la séparation par l'école n'a rien arrangé, il a sûrement autre chose qu'une mère trop collante quand même, non ? Je ne vois aucun progrès au fil de nos séances, il n'y a donc aucun autre traitement ? »

Je sens qu'elle se replie. Elle baisse les yeux, elle lit ses notes : je l'ai vexée. Bingo !

« Très bien on va "agir" comme vous dites; on va envisager un suivi orthophonique à l'hôpital psychiatrique. »

« Maman, c'est maman. Moi, c'est pas maman. »

Encore une fois, j'attends beaucoup de ce rendez-vous chez l'orthophoniste. Je trouverai peut-être enfin un soin adapté ; quand on veut y croire on adopte toute solution... L'orthophoniste va lui apprendre à parler, voilà la solution !

La semaine suivante, j'entre dans le hall pour mon premier entretien à l'hôpital psychiatrique ; je suis surprise, car la pédopsychiatre me présente une collègue psychiatre plutôt gaie et souriante qui doit prendre le relais dans la même équipe que l'orthophoniste... J'ai dû vraiment la vexer pour qu'elle ne souhaite plus travailler avec une patiente qui a osé remettre en cause ses capacités de thérapeute. Je suis embarrassée, mais le Dr V. m'accueille avec une grande douceur et m'explique :

« C'est toujours un événement extrêmement dur dans la vie d'un psychiatre de perdre un patient et devoir passer le relais ».

Il émane d'elle beaucoup de fraîcheur et de joie de vivre. Elle me garde en entretien, avec Tristan qui reste collé dans mes bras. Elle a un sourire rassurant, elle veut tout savoir sur ma situation, Tristan, mon passé, mon enfance, mon divorce. Elle m'écoute, me met en confiance et chaque fois que j'évoque un épisode difficile, elle semble compatir, je me sens tellement comprise que j'ai souvent les yeux embués. Elle me redonne rendez-vous chaque semaine. Le temps passe pour Tristan qui n'a toujours pas de prise en charge, ça fait maintenant huit mois que j'attends depuis mon premier rendez-vous chez le médecin. Mais j'ai plaisir à revenir, elle ne porte aucun jugement sur ma relation avec mon enfant, je ne me sens pas observée.

Au bout d'un mois, elle considère l'utilité de l'orthophonie et nous confie à Mme R. Hélas, oh non, encore un modèle “digne et silencieux”. Encore une éminente intellectuelle dont le cerveau puissant et lourd réfrène sa joie de communiquer. Je m'attendais au pire : je ne suis pas déçue. Je vais assister à des sessions chamaniques. Armée de son “air grave”, elle prend Tristan par le bras (il se roule par terre en m'appelant) et insiste : « Il peut aussi aller avec quelqu'un d'autre que vous. » Je n'ai droit d'assister qu'à la première séance, ensuite il faudra le lui laisser. Elle s'assied à une table avec de la pâte à modeler. Je m'assieds à côté d'eux, à un bureau. Elle lui donne des modèles alternant visiblement “contenants/contenus”, elle regarde ce qu'il en fait, s'il met les doigts dedans, s'il finit ceux qu'elle ébauche. Il semble correctement interagir avec les boudins et les vases depuis une demi-heure. La séance est finie… Je reste dubitative… J'ai peut-être l'esprit trop trivial, mais je n'ai pas ce raffinement intellectuel qui permet de patienter des années avant de voir mon fils se relever. La semaine suivante, nous revenons, mais pour cette nouvelle séance je suis obligée de les laisser travailler ensemble et de patienter dans la salle d'attente. Je l'entends hurler pendant si longtemps, et avec tellement de souffrance et de peur dans la voix, que je me lève et m'impose dans son cabinet au bout de trente minutes même si je n'en ai pas le droit. Elle sortait justement, on manque de se percuter, elle lève les yeux vers moi et me lance un regard noir, elle a compris que je la soupçonne de quelque chose. Oui, je ne comprends pas ce qu'elle lui fait et surtout je ne vois pas l'intérêt de le garder sous la contrainte et dans les pleurs. Elle me rassure et me dit qu'en effet je dois accepter un petit travail sur mon aspect fusionnel, et que Tristan ne risque rien avec elle. Ce discours sensé est indémontable pour une mère dont on a pré-programmé la culpabilisation. Alors je confie Tristan en prenant sur moi. Si je ne fais pas ce travail pour lui, il ira de mal en pis. Pendant les séances, Tristan pleure et, à sa sortie, on sent qu'il revient comme éprouvé par quelque chose.

« C'est normal, des processus se mettent en place dans son esprit, il prend conscience de certaines choses et ce passage est difficile », me rassure-t-elle.

Il a l'air perturbé. Son papa m'a fait récemment remarquer que son regard ne se contente plus d'être fuyant : il devient vide. Un blanc semble avoir rongé l'espace derrière ses pupilles presque vitreuses. Il sort désormais des séances l'œil hagard, en grand stress avec une phrase en boucle que l'orthophoniste a visiblement réussi à lui apprendre : « Maman, c'est maman. Moi, c'est pas maman. »

En même temps qu'il répète cette phrase sibylline, il entre depuis peu dans une phase nouvelle d'agressivité. Ce ne sont plus les objets qu'il détruit, ou un camarade qu'il bouscule un peu, je vois son regard passer du vide à la haine sans aucune raison apparente. Maintenant, il m'attaquc sans que je l'aie contrarié. Depuis deux semaines les trajets vers l'hôpital deviennent dangereux, quand je suis au volent sur l'autoroute, Tristan m'agresse par surprise au moment de doubler les camions, il empoigne soudain mes cheveux, les tire très brutalement en poussant des cris stridents. Je perds le contrôle de la voiture deux secondes, puis je me ressaisis, je respire, le cœur à cent-vingt… Parfois je ne parviens pas à garder mon sang-froid et dérape dans la colère, je hurle sur lui, mais ça n'a absolument aucun effet. Quelle que soit ma réaction, il recommence. Est-ce son rejet salvateur de la mère toute-puissante ?

« C'est normal, le travail que nous faisons a forcément un effet en lui, mais dans le cabinet ça se passe très bien. Vous devez nous faire confiance », me dit le Dr V.

« Écoutez-moi maintenant, je n'en peux plus, il faut absolument faire quelque chose qui améliore notre vie, le diagnostiquer et je vous demande de nous donner des solutions tangibles pour que je survive !! »

Son ton ostensiblement calme recadre mon exaltation hystérique. Le Dr V. répond dans un sourire presque amusé :

« Des diagnostics !!? Mais vous êtes en total décalage ! Il est encore en observation ! Et il est bien trop jeune pour avoir un diagnostic ! Des “solutions pratiques” ? Mais enfin nous ne sommes pas des mécaniciens, des garagistes ! »

Georges et moi sentons que ces professionnels réputés sont perdus. Nous devons faire nos recherches nous-mêmes… Et en quelques clics sur Internet, nous découvrons que tous les symptômes de Tristan correspondent bien à l'autisme. Nous voulons leur en parler, même si nous savons que cela risque de les vexer :

« Vous avez envisagé qu'il soit autiste ? Tous ses symptômes correspondent.

— Ah bon, madame ? Merci de nous apprendre notre métier grâce à Internet ! Vous vous y connaissez bien en autisme ? Expliquez-moi quelles sont vos compétences en psychiatrie à part Google ?

— Je me permets de vous dire ça parce qu'il a toutes les caractéristiques d'un enfant atteint d'autisme ! C'est évident non ?

— L'autisme, ça n'existe pas, ce n'est pas ça du tout, il est atteint d'autre chose, c'est bien plus compliqué, on ne pose pas de diagnostic avant un certain âge, et je suis seule compétente ici ».

Son ironie vexée masque sa colère, ça me rappelle les disputes entre copines en classe de quatrième. Nous venons de découvrir le tabou autour de ce mot… Autisme… Il y a un gros malaise mais nous ne comprenons pas pourquoi.

Une affaire d'orgueil et de principes peut-être. Nous allons donc partir en quête d'autres avis, de diagnostics et de clés. Nous allons rencontrer deux pontes, deux références dans le domaine de la pédopsychiatrie française… sans savoir qu'ensuite, tous les trois, nous n'aurons plus jamais assez de larmes pour oublier.

L'enlèvement

Après un rendez-vous surréaliste chez un éminent neuropsychiatre qui nous affirme que Tristan est un génie, comme l'était Einstein, je rencontre pour la première fois, sur les conseils d'une amie psychiatre, Mme A., LA grande psychologue spécialiste et médiatique de l'autisme. Cette thérapeute va encore profiter de mes interrogations et de ma position de faiblesse pour m'asséner des certitudes et me réduire en bouillie.

Mme A. me regarde entrer d'un œil perçant. Elle nous fait asseoir, puis pose un long regard sur Tristan qui sourit, intrigué. Elle fait alors un geste hautement professionnel avec l'évidence solennelle et minimaliste du ponte : elle mime le mouvement d'une araignée avec la main, et le touche. Il ne réagit pas, elle recommence plusieurs fois. La scène dure depuis environ quatre minutes, tandis que je décris les symptômes avec un stress mal contrôlé. Quand soudain, elle m'interrompt et dit d'un ton théâtral, très Jules César :

« Aimer trop, c'est dévastateur vous savez !!! Et VOUS…? Parlez-moi de votre vécu. »

Encore la même rengaine… Je me prête une nouvelle fois à cette intrusion pour le bien de mon enfant. Mais je suis très inquiète. Très docte, sûre d'elle, elle me décompose tout doucement par des analyses reliant encore mon passé aux schémas que j'impose à mon fils. Je sens ma structure s'effondrer, à bout de forces, je me laisse encore dévorer. En conclusion, elle sort une phrase que je n'oublierai jamais :

« Avec toutes les compétences qui sont les miennes, avec toute la somme de savoir accumulé en quarante ans d'expérience, avec tous les cas que j'ai pu rencontrer, je ne peux pas vous dire qu'il sortira de l'état dans lequel il est.

— Je ne comprends pas ? Il n'y a aucune solution pour lui ?

— Ne touchez plus votre enfant !! Ne lui parlez plus ! Tout milieu affectif lui est nuisible. Ça le détruit, et il détruit tout… Je ne peux pas vous dire qu'il peut “aimer” quelqu'un, peut-être vous, à sa façon, il vous aime mais il vous détruira. Il faut un internement.

— Mais je sens qu'il m'aime, je le sais… »

Elle me fixe comme un prédateur :

« Madame, faites le deuil de votre fils. »

Un char de glace vient de rouler fièrement sur moi. Ses mots sonnent juste, c'est vrai qu'il casse ses jouets préférés, c'est vrai je dois ouvrir les yeux, je suis épuisée, il me détruit avec ses crises.

Je ressors de cet entretien totalement décomposée. J'ai honte et je suis révoltée. Les jours passent, je ne me calme pas, je pleure sans arrêt. Tristan souffre car je n'ai même plus envie de parler, ni de sourire, ni de l'approcher. Mon ex-mari m'appelle, je lui raconte tout. « Je vais aller la voir, dit-il, on ne peut plus se laisser faire comme ça, elle délire. » Il roule soixante kilomètres et fonce chez elle en pleine consultation pour dénoncer ses pratiques. Elle a peur, elle nie en bloc : « C'est votre ex-femme qui a compris ça ! Il y a des choses que les parents n'acceptent pas, c'est trop dur, alors ils rejettent la faute sur le médecin. Moi je n'ai rien dit de tout cela ! »

Elle s'excuse et me laisse tranquille, mais c'est trop tard, nous venons de donner un coup de pied dans cette fourmilière endormie. En apprenant que j'avais consulté ailleurs, et qui plus est – ce que j'ignorais – chez une proche collègue, les membres de l'équipe de l'hôpital psychiatrique changent brusquement de visage. Quatre jours après mon entretien, nous recevons une convocation écrite du Dr V., pour tous les trois. Elle nous reçoit à grand renfort de collègues silencieux. Elle, crispée, nous fait part de sa déception à mon égard. Nous lui rappelons notre quête de solutions et de diagnostics, et notre désir que les choses avancent. Mais nous l'avons trahie, nous sommes allés prendre conseil ailleurs, niant ses compétences. Nous allons être jugés coupables.

Comme une vengeance qui dirait : « Vous voulez que ça bouge ? Je vais vous en donner, du rythme ! » Elle nous annonce qu'il n'y a pas d'autre solution pour Tristan qu'un internement de quatre jours par semaine dans le service pour adolescents de l'hôpital psychiatrique. Nous balbutions une foule de questions et de justifications, mais elle coupe court, elle a le pouvoir sur nous, elle sous-entend que si nous refusons, nous aurons peut-être affaire aux tribunaux. Plus nous essayons de nous renseigner sur le sens de cet internement, plus nous sommes effrayés : ils comptent juste observer Tristan sans aucune interaction, sans stimulation, sans aucun protocole thérapeutique, avec peu de sorties et d'activités. Ils vont le laisser flotter dans le vide, retrouver sa valeur absolue pour attendre de lui des émergences spontanées de désir vers le monde. Nous sommes figés. Heureusement, l'infirmier cadre nous rassure sur l'intérêt de cette prise en charge : l'asile, ce n'est pas seulement rester à ne rien faire, au milieu d'adolescents en camisole, c'est aussi, une fois par semaine, le programme "pataugeoire"... Passionnant : « La pataugeoire est un travail exceptionnellement intéressant et révélateur autour des angoisses de l'engloutissement maternel, avec le support de l'eau et des récipients, le plein, le vide... C'est très instructif. »

Nous sortons choqués, ne comprenant absolument rien à rien. Nous étions déjà seuls en guerre face aux troubles de Tristan, et maintenant nous devons nous battre contre l'Empire psychiatrique qui ne le soigne pas mais nous assassine.

Dans un dernier espoir, le père de Tristan contacte un neurologue pour dénoncer l'absurdité de cette option : « Ils ont raison. Si vous ne l'internez pas très vite, son système neuronal va se fixer sur ses troubles et ce sera impossible à résorber, irréversible, il est en train d'atteindre l'âge limite où on peut récupérer encore quelque chose. »

Traumatisés par cette information que nous nous repassons en boucle, nous sommes piégés. Nous allons être contraints de plier, de détruire sciemment notre fils. Les jours qui nous rapprochent de l'internement sont un calvaire, j'ai l'impression de tomber dans un puits sans fond. En panique, je me tourne un instant vers des personnes de mon entourage à Paris. J'ai deux réponses :

« Mais qu'est-ce que t'es allée t'enterrer en province ? Ça n'arriverait pas à Paris, ça ! »

« Moi j'ai un collègue psychiatre, il a psychanalysé la mère et, depuis, son fils autiste va très bien. Quand les parents sont fragilisés, l'enfant a peur, il se cache dans l'autisme. ».

L'empire psychiatrie

J'ai rendez-vous avec la pédopsychiatre de l'asile, mon fils dans les bras. Elle est aussi détendue que je suis anxieuse.

« Madame, grâce au *Projet*, votre enfant va réaliser qu'il n'y a pas qu'avec vous qu'il est bien. Vous aussi vous allez accepter qu'il n'est pas en danger hors de vos bras. Vous le comprenez… ? »

« Madame, vous ne pouvez plus supporter l'insupportable. Le *Projet* (et c'est "notre" projet) vous aidera à prendre des distances avec votre fils. Non, Tristan ne nous appartient pas, c'est vous qui l'interprétez comme ça. »

À force de me plaindre de cette vie abominable avec mon fils, à force de demander des solutions, j'allais bientôt foncer droit dans un piège. Pendant tout l'entretien et la présentation de ce *Projet*, j'ai la folie de serrer Tristan sur mes genoux face à moi, en respirant ses cheveux.

Quand nous avons, bien plus tard, récupéré son dossier médical, ce détail de posture pathogène fut notifié et dessiné dans le rapport médical. Pour ce médecin, j'avais atteint le taux maximum d'obscénité maternelle. On allait devoir m'enlever "cet enfant".

Je suis minuscule face à la pédopsychiatre. Je sais jusqu'où sa maïeutique de Prisunic peut nous entraîner. Une sorte de Gourde Toute-Puissante Omnipotente, à qui il était impossible de répondre sans avoir l'air de se justifier. Elle est en train de m'enlever mon fils, et je ne réagis plus, je la laisse faire : je n'ai plus envie d'affronter encore une fois son imperceptible sourire en coin qui me nargue, moi, le petit insecte ferré dans ses névroses. De toute façon, plus je me débats, plus je lui donne raison.

La date approche et nous revenons les voir, nous leur téléphonons sans arrêt, nous les agaçons terriblement, nous avons encore trop de questions sans réponse ! L'équipe hospitalière dit garder le dossier secret, on n'a pas le droit de le consulter. Ils restent abscons et sibyllins dès qu'on cherche une explication. Ils sont en train de nous « convaincre de nous avoir convaincus »… Nous nous débattons encore par sursauts et, à chaque hésitation de notre part, ils répètent :

« Ce *Projet*, nous l'avons décidé ENSEMBLE, Tristan ne nous appartient pas. »

J'ai l'impression de l'exact inverse. Je leur ai fait confiance, j'ai dévoilé tout sur moi, j'ai cru en leurs compétences pour mon fils. Brusquement, tout bascule, Tristan leur appartient, et nous sommes des parents incompétents, pathogènes, juste capables de conflits. Nous méritons cela.

C'est un déchirement infernal, mais résigné.

Tristan, l'enfant de l'asile

Le matin du premier jour d'internement, j'amène mon bébé à l'hôpital psychiatrique avec ses valises. Nous marchons dans la cour, vers les bâtiments, j'avance le plus lentement possible. Mon petit bout de chou est figé, gelé, comme moi. Il sent que quelque chose de nouveau se profile pour lui, qu'on va être séparés pour la première fois. Il n'aura plus ces heures de câlins mais ce sera peut-être bon pour lui. Mes yeux retiennent les larmes : je suis la mère fragile qui ne va pas bien, alors, en entrant dans le hall, les soignants nous regardent, il faut que je me montre à la hauteur. Je ne suis pas autorisée à venir le voir tous les jours : seulement une heure par semaine en restant surveillée… Je vis un cauchemar, je vais me réveiller… L'infirmière est aimable, mais elle reste tout près et me décrypte, elle suit chacun de mes mouvements. J'arpente mollement les couloirs pour visiter à nouveau l'immense local haut de plafond avec mon enfant, qui se colle contre moi.

Toutes les fenêtres sont sans poignée, on les a retirées de peur des suicides. La peinture jaune sale s'écaille, le temps et l'espace sont vides, brumeux, des cris sortent parfois des chambres, je croise des jeunes gens hagards, qui déambulent comme des fantômes sans pieds, et mon bébé de quatre ans devra rester tout seul ici ! On entre dans sa chambre, presque vide. Il ne me décolle pas, c'est vrai qu'il est plus calme, il ne pense qu'à mes bras, il s'y cache. Soudain une jeune fille surexcitée et incohérente entre, le saisit, le porte brusquement, le chatouille et l'embrasse comme un jouet en parlant très fort : « Je l'adore !! Il est trop mignon !! C'est notre doudou ! »

Effrayée, je demande à l'infirmière :

« Mais il peut lui arriver n'importe quoi si les jeunes peuvent pénétrer comme ça dans sa chambre ? »

Pas de réponse.

Je ne sais pas combien de temps ce calvaire va durer. Un après-midi je reçois un appel de l'hôpital : ma permission de visite n'est plus autorisée, sans explication. Interdiction de le voir durant tout le séjour, quatre jours immenses, infinis. Alors, pour compenser, je lui téléphone, un infirmier me le passe :

J'entends :

« ... Mareuman... ?

— Mon chéri, maman t'aime… »

Mais la voix d'une infirmière nous coupe :

« Nous avons fait une erreur, désolée on n'a pas le droit de vous mettre en communication avec Tristan. »

Interdite, je demande à ce qu'on l'embrasse de ma part : « Enfin madame, me répond l'infirmière, très professionnelle, ici nous ne câlinons pas les enfants. »

Je suis très inquiète. Je comprends que je suis prisonnière de leurs sables mouvants. Je pense sans cesse à la vie qu'il a dans cet asile, j'ai déjà pu rester une journée en observatrice : des chaleurs moites sans aération, pas de sortie quotidienne au jardin car ils n'ont pas suffisamment de personnel. Des adolescents errants, squelettiques, parfois hurlant et frappant, au regard vide, et se collant à moi : « Nos parents ils viennent pas nous voir nous, t'as de la chance, Tristan ! »

Au bout d'un mois entre l'asile et la maison, un événement va me mettre la puce à l'oreille. Au moment où je fais sa valise, alors qu'il est assis sur le canapé, il se met à trembler violemment. Ses doigts sont bleus, on voit ses veines partout… Les symptômes d'une attaque virale aiguë. J'appelle le Dr V. pour prévenir que Tristan ne viendra pas et que je dois foncer aux urgences : elle n'est pas contente, car son ordonnance de séparation officiellement imposée ne sera pas appliquée puisque je devrai rester auprès de lui à l'hôpital. Elle n'est pas d'accord pour que je l'accompagne. Je m'en fiche.

Dans la salle des urgences, Tristan perd connaissance, attaqué par une fièvre foudroyante. Le médecin arrive, c'est une pyélonéphrite aiguë. Il faut le mettre impérativement sous perfusion, je vois à leurs visages blêmes qu'ils n'osent rien me dire. J'apprendrai ensuite qu'il a failli mourir, d'un coup, à cause d'une septicémie, tant la charge virale était puissante... Deux ou trois heures de plus sans traitement et il finissait raide mort sur le canapé. Ses défenses sont-elles dépressives à cause de l'internement ? Son corps cherche-t-il à fuir ? À quitter l'asile ? Les infirmières l'ont installé dans la chambre. Je suis comme une gamine coupable qui vole des confitures, puisque je n'ai pas le droit d'être avec mon fils, et si le Dr V. en informait les médecins ? Il faut que je le leur dise avant. Je leur explique que je ne suis pas censée rester avec mon fils à cause d'une décision de l'hôpital psychiatrique, aucun contact autorisé trois jours par semaine, sinon nous aurons des ennuis. Sidérées, les infirmières préviennent les médecins qui appellent immédiatement l'asile :

« Mais qu'est-ce que c'est que cette histoire ? Il y a une décision de justice ? Vous avez l'ordonnance d'un juge ? Non ? Mais on n'a jamais entendu parler d'un truc pareil ! La mère a le droit de rester près de son fils si elle veut ! »

Mon fils est perfusé depuis une semaine, il a beaucoup maigri, mais je suis heureuse : il est calme, il sourit. Ici, on me dit que je peux rester dormir dans sa chambre, je dois surveiller nuit et jour ses gestes et tenir ses perfusions d'antibiotiques vitales. C'est épuisant, pendant quatre jours consécutifs il a essayé de les arracher, mais je suis sereine, il n'a plus cet œil vide, il n'erre plus au milieu des adolescents... Il a fallu qu'un drame ait lieu pour retrouver un sentiment de confiance. Le séjour dans cet hôpital “normal” m'insuffle un regain d'espoir, grâce à eux et ce moment de recul, j'entrevois le lien que j'ai avec Tristan, sous un jour plus sain, plus simple. Les soignants sont là tout le temps, et rien ne les choque dans ma relation avec mon fils, ils m'encouragent quand je le console, l'amènent dans mes bras après les soins. Une infirmière chinoise me dit : « Je ne comprends pas qu'ils vous disent de ne pas le toucher, en Chine les enfants sont portés dans les bras de leur mère pendant au moins quatre ans, tout le temps ! » On ne traque plus ma maternité, rien n'est sur-interprété. Pour la première fois depuis neuf mois, l'air est pur.

Tristan se calme. Il ne pleure presque pas. La journée, comme il est bloqué au lit, je lis et l'idée me vient de lui montrer des lettres, pour profiter de cette accalmie. Il regarde, et essaie de répéter « A » « B »… Je suis si heureuse ! J'ai l'impression que l'asile lui a donné une telle peur de me perdre qu'il fait tout pour me dire qu'il sera sage, qu'il apprendra, que je ne dois plus le laisser. J'espère qu'il ne pense pas cela. Mais il fait tout visiblement pour me montrer sa bonne volonté, à moins que ce ne soit l'épuisement lié au virus et aux doses massives d'antibiotiques ?

Au bout de quelques jours, Tristan est guéri, nous devons quitter le CHU pour le ramener à l'asile. Un moment de bonheur évanoui. Son père a aujourd'hui l'honneur de pouvoir rendre visite à Tristan, une heure par semaine, mais pas dans l'hôpital, seulement dans le parc, où Tristan va très peu.

Il se laisse scruter, et me racontera plus tard une scène surréaliste et humiliante : celle du cadre infirmier qui, très finement, s'installe à un mètre pour le regarder interagir avec son fils, et soudain lui demande de partir : « C'est fini, au revoir monsieur. » Aucun débriefing mais ô chance, il déduit de ces subtiles observations que son père est calme, et que les soucis de Tristan ne viennent pas de lui. Donc de la mère.

Après trois mois d'internement, Tristan devient de plus en plus agressif dès qu'il revient de l'hôpital, ce qui augmente notre angoisse. Il ne fait plus rien d'autre que des crises, il est tordu au sol huit ou neuf heures par jour comme un possédé, sa voix se transforme, ses cris semblent contenir plusieurs sons. Il rampe tétanisé, il n'a plus aucune activité et a l'air enragé. Sa chambre est dévastée, il a détruit les meubles, cassé son tableau noir, son établi, il se frappe les cuisses en hurlant et en faisant pipi partout. Sa chambre n'est plus qu'une pièce asilaire, aux volets clos car il veut sans arrêt sauter. Une pièce immédiatement recouverte d'excréments et de jouets cassés dès qu'on la nettoie. Son visage est rougi et gonflé par les crises et les larmes.

Nous prenons alors rendez-vous avec le Service hospitalier. Le Dr V. et le cadre infirmier, agacés par nos continuelles remises en question, nous assurent qu'il s'agit de réactions normales et que, même, c'est très bon signe. Chez eux, « tout va très bien »… C'est « uniquement » chez nous qu'il va mal, « à cause de nous ».

Pour l'école aussi, il est évident que le comportement destructeur de Tristan s'est aggravé depuis l'internement. Excédée par cet acharnement, l'institutrice me demande l'autorisation d'appeler le chef de service pour se plaindre de l'état très inquiétant de Tristan. Elle pense comme moi que le point de vue objectif de toute une équipe scolaire amènera du bon sens dans cette prise en charge délirante. Elle appelle. Elle revient décomposée :

« Ils m'ont cassée, il n'y a pas d'autre mot : complètement cassée… Je suis désolée, ils se fichent totalement de mon avis. Ils m'ont dit : “Mais de quoi vous vous mêlez, vous êtes psychiatre ? Vous n'avez aucune idée de ce qui se passe dans cette famille, vous n'avez pas toutes les informations, alors restez à votre place je vous prie !” »

Si son état empire, je devrai retirer Tristan de l'école, on a tout essayé, mais personne ne peut plus le contenir physiquement. L'institutrice est avec nous, mais pour moi, elle va s'épuiser et elle ne peut pas continuer de faire classe en contrôlant des crises permanentes. Ça n'a plus de sens…

Six mois que Tristan est à l'asile, et je ne reconnais plus mon fils. Pas de regard, pas de mots. Ses contorsions au sol et ses hurlements ne cessent plus jamais, je deviens à moitié folle. J'ai maintenant des arythmies cardiaques et je tourne facilement de l'œil au moindre effort. Plus je suis écrasée par la situation, plus mon attitude devient étrange, donnant raison aux critiques. Finalement je ne me reconnais plus non plus.

Je n'ai trouvé qu'un remède contre ses transes : des heures à rouler en voiture, avec lui enveloppé dans une couverture. Il continue de pleurer, car plus rien ne l'arrête, mais au moins il ne se contorsionne plus. Nous subissons les critiques ouvertement indignées de chacun : « Cette cinglée se prosterne devant son gamin qu'elle a rendu fou »… Je commence à entendre des gens susurrer que mon Tristan est diabolique. Je ne peux plus rien pour lui, je suis tellement perdue, sans repère, qu'il m'est impossible d'argumenter, en quelque sorte, ils ont raison. Je dois faire le deuil de mon fils, plus rien ne peut l'aider. Maintenant ce qui devient vital c'est de tenir debout jusqu'à la prochaine minute…

Je ne vois plus d'issue.

« Psychose Fusionnelle avec La Mère »

L'hôpital psychiatrique vient de nous appeler. Ils nous convoquent, mon ex-mari et moi, dans une atmosphère de digne et profond mystère, avec comme seuls mots à la bouche, qu'ils ont « pris leur décision ». Après avoir jugé dans un premier temps que c'était son père qui rendait Tristan malade, puis finalement moi, et nous avoir tous deux mis sous surveillance, mettant alternativement l'un puis l'autre au pilori, nos “ecclésiastes du XIIIe siècle” se sont sans doute réunis en Concile pour voter qu'il fallait nous brûler… ?

Très inquiets, nous entrons dans le bureau du Dr V. Ils sont tous là. Même la première pédopsychiatre. Le silence est pesant… Ils finissent enfin par nous annoncer très solennellement que, suite à nos demandes incessantes, ils ont établi un diagnostic, et parlent alors de la fameuse psychose fusionnelle avec La Mère, qui nécessite la séparation quasi totale avec les parents.

Je suis pétrifiée. On me prend à part pour me calmer, je dis très naïvement à la première pédopsychiatre :

« Mais vous ne pensiez pas ça au début ? »

Comme seule explication, détachée, elle répond :

« Vous n'avez pas eu de mère. Il est donc logique que vous n'ayez pas de notion de ce qu'est la maternité. Ce n'est pas de votre faute ! Vous n'y êtes pour rien, vous n'avez rien fait de mal, vous avez vos fragilités. Un très long travail vous fera peut-être avancer. »

On nous "propose" donc (avec assignation si refus) que Tristan « vive et dorme » à l'hôpital psychiatrique secteur Ados non plus trois mais cinq jours consécutifs, et aille en classe spécialisée la journée dans une école religieuse. Il ne reviendrait que le week-end, tantôt chez son père, tantôt chez sa mère. Avoir cette vie à quatre ans ? N'être câliné seulement que deux jours par semaine, alors qu'il réclamait sans cesse mes bras ? Quel cauchemar !

Je ressens pour la première fois de ma vie le désir d'en finir avec cette existence sans mon fils. J'ai le vertige. Impossible de me regarder en face, moi, la responsable de la déchéance totale de "cet enfant" qui souffre tant. J'ai fait "ça" ? Créer tout ce malheur chez l'être que j'aime le plus au monde ? Avec cette décision d'isolement familial, Tristan sera perdu, il ne va pas survivre sans les gestes quotidiens dont il a tant besoin. Dans la panique, mon esprit se perd dans des chiffres… Je baragouine la gorge serrée :

« Mais je ne le verrai plus que cinquante-deux jours par an… »

Le Dr V. éclate de rire et demande à mon ex-mari :

« Ah !… Monsieur, vous avez fait le même calcul ?! Ha ha ha ! »

Dans l'attente de la réalisation du *Projet*, ma vie est devenue un enfer. Je ne mange plus, je suis comme enterrée, je me laisse mourir. On m'arrache mon bébé, mes tripes, ma vie, pour son bien. Plus je suis désespérée, terrifiée à l'idée de "salir" encore mon enfant avec ma maternité malade, plus ils me disent « fermée et froide avec l'enfant » (noté dans leurs rapports). Quand j'amène Tristan pour ses séjours en psychiatrie, dans un état léthargique proche de la stupeur, ils jubilent en constatant que j'ai oublié de lui donner une brosse à dents ou le nombre suffisant de slips (précisé dans leurs rapports)… Je suis traquée. Dans cette apothéose conflictuelle, nous nous apercevons avec mon ex-mari qu'ils nous montent l'un contre l'autre. Ce qui nous fait perdre toute chance de récupérer Tristan dans un climat harmonieux.

Des personnes de la région mises au courant de l'internement ajoutent quotidiennement au drame en abondant dans le sens des médecins. « Voilà ce que vous avez fait de votre fils. Vous êtes une folle et une miséreuse sans travail. »

L'opprobre est sur moi, ce terme biblique a pris tout son sens. J'étais abandonnée aux foudres des jugements, et maintenant pire encore, de mon propre jugement sur moi. Je me dis qu'ils ont raison, mes journées se passent recroquevillée dans un canapé à imaginer Tristan seul, dans ces lieux froids en train de pleurer, de m'appeler, de se croire abandonné.

Les masques tombent

Plus les semaines passent, plus Tristan exprime une souffrance indescriptible. Les pédopsychiatres nous certifient que tout va très bien à l'hôpital et que son mal-être vient de moi. Pourtant les rapports que nous lirons plus tard ne confirment pas du tout cette version.

Un soir, je reçois un appel très étrange, une infirmière veut me parler dans la confidence, elle ne dit pas son nom, elle appelle à titre personnel :

« Voilà, je vous téléphone juste pour vous dire qu'on vous ment, ici Tristan va très mal. Il ne faut pas le laisser interné, les médecins vous ont menti en disant que tout va bien. Je dois vous laisser.

Je reste d'abord sans voix, avant de bredouiller :

« Mais je m'en doutais !… Qu'est-ce qui se passe exactement ?

— Bon courage, madame, au revoir. »

J'appelle mon ex-mari pour le prévenir : depuis le début nous pressentons que la vie de notre enfant est en danger, c'est maintenant certain.

Un dernier événement encore plus terrible nous ouvre les yeux. C'est peut-être ce qui nous a sauvés. En revenant de l'hôpital, Tristan me dit : « Il bande ton zizi. » Et toute la journée : « T'as bobo la crotte. » Lui qui ne parle jamais, il vient de m'envoyer un SOS. Paniquée et folle de rage, j'appelle le service et demande l'infirmier référent. Il me répond : « Si vous continuez vos insinuations, c'est simple, on va dire que ça vient de chez vous. »

Ils n'ont même pas vérifié auprès de leur service, alors que le rapport des infirmiers décrit des « comportements traumatiques avec hurlements, excréments étalés partout, cris pour appeler la maman, plaintes de douleurs dans la région anale ». Même si rien n'a eu lieu – nous ne le saurons jamais –, le contexte méritait une enquête de leur part pour assurer la sécurité d'un tout-petit dans un service d'ados fragiles... Mais leur seul souci était de « rassurer le père » et de me faire passer pour une folle. Le papa de Tristan est venu les voir, très angoissé, mais en sortant, le rapport affirme qu'ils l'ont « rassuré » et qu'il a avoué qu'« après tout il n'était pas là quand Tristan a dit ça » !

Ce jour-là, Georges et moi décidons ensemble de nous révolter pour sortir notre enfant de ce cauchemar. Nous nous donnons rendez-vous dans un café pour en parler. Peser le pour et le contre, les risques pour Tristan, les risques de poursuite que nous encourons, la marche à suivre main dans la main. Je commence à relever la tête. Soudés comme deux guerriers, nous les convoquons à notre tour. Ils ont une minute de doute, ils donnent une date, mais nous leur imposons de les voir immédiatement. Nous arrivons à deux dans leur service, nous ne sommes plus en position de coupables, nous sommes assurés devant eux. Ils nous dévisagent en essayant visiblement de comprendre d'où nous vient cette nouvelle expression de calme et de colère. Son père mène le dialogue :

« Nous réclamons la fin de cette mascarade. »

Le Dr V. est sidérée, elle essaie de contrôler son stress :

« Mais enfin qu'est-ce qui se passe ? Calmez-vous, on va s'expliquer…

— Non. Nous le sortons de là tout de suite. Et ne dites plus que nous n'avons pas le droit. La loi Kouchner impose que ce soit nous qui choisissions ses thérapies. Donnez-nous son dossier, et vite.

— Ah non monsieur, ça s'est imposs…

— La loi vous oblige à me donner ce dossier immédiatement.

— Vous devez passer par un huissier.

— OK, je porte plainte.

— D'accord monsieur, laissez-moi quelques minutes, il est dans les archives, je dois le remettre… euh… en ordre. »

Livide, elle s'exécute. Bien qu'elle raye frénétiquement des paragraphes et essaie d'enlever discrètement des bouts de pages, nous découvrirons dans les rapports des infirmiers le calvaire de Tristan : il se frappait la tête dans les murs en m'appelant, se couvrait de ses excréments, agressait ceux qui l'approchaient… Toute la journée, la nuit aussi. Et on nous avait assuré chaque semaine pendant six mois, que ça s'était toujours très bien passé pour lui !

Nous voulons porter plainte mais, en nous renseignant, nous apprenons que les services juridiques des hôpitaux sont performants... à condition de réunir des dizaines de plaintes d'autres parents qui ont vécu la même épreuve. Or nous n'avons plus d'énergie. Tristan est sauvé, c'est l'essentiel.

On nous demande de l'amener une dernière fois devant tous les soignants pour qu'ils lui disent au revoir. Tristan ne comprend pas très bien ce rituel assez solennel.

Cet après-midi, nous repartons dans la cour chargés de bagages et, comme dans un rêve, nous marchons cette fois avec notre enfant. Avec cette immense joie de laisser derrière nous à jamais ces bâtiments, ce camp d'une autre époque.

En rentrant, mon premier réflexe est de jeter tous les vêtements qu'il avait portés dans ces couloirs maudits en lui répétant : « C'est fini l'hôpital. Tu restes à la maison. » Tristan sourit et répète la phrase : je crois que ce rituel-là, il le comprend.

Progressivement, les mois passant, en nous éveillant de cette emprise, un sentiment de colère grandit en nous. D'écœurement, de dégoût, de rage contre ces bourreaux, contre moi même : comment ai-je pu me laisser avoir comme ça ? Peut-être parce que que tout le monde allait dans le même sens, contre nous, pour l'asile… Oui, on croyait en la psychiatrie censée être aussi fiable que la médecine. Cette révolte me ronge depuis des mois, je ne sais plus quoi en faire, je préfère parfois l'oublier pour garder mon énergie… J'en ai si peu, ma colère risque de se reporter sur mes nerfs, ma santé, je dois garder mes forces pour Tristan. Je comprends aujourd'hui pourquoi tant de parents se sont laissé faire, ils en ont l'air mais ils ne sont pas résignés : ce sont simplement des gens éreintés, toute leur santé est déjà partie en fumée pour soigner leurs enfants. En absence d'informations à l'époque, nous aurions cru en n'importe quel remède. Nous sommes les proies les plus faciles qui existent…

BIENVENUE SUR LA PLANÈTE AUTISME

Du vent pour calmer la tempête

Nous sommes sortis de prison, mais la pression reste, nous avons encore peur d'embrasser Tristan. J'ai mis neuf ans à m'en remettre. Son père essaie de refouler, cependant nos blessures sont à vif, un rien les réveille. Le pire reste les dégâts sur Tristan, il garde des séquelles de cette expérience absurde et barbare, il a depuis une phobie de l'hôpital, et même de tous les locaux administratifs. Hier, soit dix ans plus tard, en rentrant dans une mairie, il est devenu blanc, ses mains moites, ses lèvres bleues, il s'est caché dans une pièce derrière un bureau en criant : « C'est le Dr V. ? C'est l'hôpital ? »… J'ai mis des années à calmer ses angoisses de séparation, sa peur des médecins est toujours là. À dix ans, il faisait encore des cauchemars et se réveillait en panique en hurlant le nom de l'hôpital.

Quand j'ai publié dans un blog le récit de cette emprise, j'ai reçu des dizaines de courriels : des mamans avaient vécu la même chose dans cet hôpital, et même partout en France, ce n'était pas une question de région mais de pays. Une mère m'a confié que Mme A. avait failli lui enlever sa fille, qu'elle avait diagnostiquée psychotique après lui avoir fait une thérapie par le théâtre où elle devait rejouer en mimes des scènes d'inceste. Ils n'ont rien pu faire jusqu'à ce qu'un médecin les sauve en s'apercevant que l'enfant n'était ni psychotique ni traumatisée mais partiellement sourde... Une fois traitée, la jeune fille a retrouvé un comportement normal. Le monde n'avait jamais entendu parler de leur calvaire, car les parents visés sont si abîmés qu'ils sont affaiblis, certains se suicident même, dans le silence absolu.

Nous pensons qu'un tel chaos ne cache qu'un désert d'ignorance et que, jusqu'ici les psychanalystes que nous avons rencontrés ne sont en rien des scientifiques. Plus inquiétant, personne n'a de regard extérieur sur leur travail, tout se fait à huis clos. Ils s'appuient sur des axiomes subjectifs, font des interprétations très risquées, et s'autocongratulent : « Cet enfant va mieux, ses crises sont un très bon signe, continuons cet excellent travail. » La subjectivité comme outil de travail, nous devons définitivement la fuir, peut-être qu'elle marche dans certains traitements mais, poussée à l'extrême, c'est l'Inquisition...

Nous sommes pressés par la peur des tribunaux, nous sommes pressés aussi par l'état de Tristan qui empire : il cauchemarde, il est encore plus dépendant de moi, il a l'air choqué, anxieux. Il demande en boucle si on doit le ramener à l'hôpital. « Non mon chéri, on n'ira plus jamais, tu restes avec maman. » Heureusement, nous sommes soutenus par le Dr G., un pédopsychiatre qui va prendre le relais très rapidement et qui ne cautionne pas l'internement de Tristan, ni son diagnostic :

« Psychose fusionnelle ?? Je ne connais pas. Il ne faut pas dix minutes pour voir qu'il est autiste ! »

Nous nous attendions à ce diagnostic, mais peut-être pas aussi rapidement !

Les semaines passent et Tristan ne progresse pas avec ces quelques heures par semaine dans ce CMP, un hôpital de jour pour enfants. Tout y est doux, calme, le personnel charmant est affectueux avec Tristan, les infirmières communiquent bien avec moi et me rapportent tout sur ses "prises en charge" : l'atelier contes, la pataugeoire, les dessins, les repas. Le Dr G. n'a pas réellement de solutions aux crises, mais il a de quoi occuper les enfants. Tristan ne se plie pas aux consignes et suit difficilement les activités, mais il ne se roule plus par terre comme en "crise de possession permanente".

Je crois toujours qu'on va me répondre et je fatigue les psys avec mes questions, je veux savoir, et demande à ce médecin pourquoi mon fils court et crie sans arrêt. Il me répond :

« Parce qu'il est autiste et aussi hyperactif…

— D'accord mais pourquoi est-il hyperactif dans ce cas ?

— … C'est lié au vide. Sa tête est vide, alors il comble avec du mouvement. »

Deux mois sont passés dans cet établissement où je deviens complice avec les soignantes. Je sais qu'il y a peu d'espoir, mais je m'accroche aux médias qui montrent des autistes "guéris", et j'espère. Le Dr G. m'explique qu'on ne voit ça qu'à la télévision, et que les cas d'autistes réhabilités sont rarissimes. En vérité, je n'ai plus aucun repère auquel me raccrocher. Je travaille chaque jour avec lui son goût pour les lettres qui revient grâce au calme, et je découvre qu'il adore maintenant le dessin. Mais parallèlement, il court et pleure, moins qu'en internement bien sûr, mais il reste épuisant, il passe beaucoup de temps à arracher ses vêtements avec les dents, à goûter tout, porter à sa bouche n'importe quoi, et il n'a toujours aucune conscience du danger… à cinq ans…

Depuis deux semaines il fait un cauchemar récurrent, et se réveille en poussant des cris stridents, longs, impossibles à supporter ni à contrôler. Des cris qui perdurent toute la journée, d'une telle puissance que nous avons parfois les tympans blessés, les soignants saignent des oreilles et notent dans leurs rapports qu'ils doivent porter des boules Quies pour s'en occuper. Malgré tout je ne suis plus aussi résignée, je vois qu'il commence à comprendre des consignes, j'arrive depuis hier à lui faire mettre seul ses chaussettes. Et je le félicite en le portant, je sens qu'il y a une clé. Paradoxalement, je suis en phase de deuil, je pleure dès que je vois un enfant parler avec ses parents, dès que je vois un enfant tout court. J'ai perdu mon petit garçon et suis déchirée entre espoirs et deuil.

J'ai face à moi, en permanence, une maladie qui m'attaque de ses hurlements et, soudain, je ne sais pas ce que j'ai fait de bien, j'ai un enfant qui dessine, met son pantalon, et maintenant qui joue aux Legos avec moi pendant des heures. Je ne comprends rien.

J'ai déménagé et, dans sa nouvelle école, il a un éducateur comme AVS[1], un étudiant que le papa de Tristan surnomme désormais "l'Homme qui parlait à l'oreille des autistes". Il se prend des gifles de Tristan, supporte ses cris, mais parvient aussi à lui faire faire des exercices de moyenne section de maternelle où Tristan a 10 sur 10... J'en déduis que c'est à nous de trouver la bonne façon de lui parler, de lui apprendre, mais je ne la connais pas, si je la maîtrisais, son comportement deviendrait calme peut-être. Et il faut faire vite, avant que Tristan ne sombre dans ses crises, qu'il en invente d'autres.

Lorsque j'annonce le diagnostic à mon lointain entourage, tous sont choqués. Tellement choqués que certains ne me rappelleront plus jamais. Les personnes les plus proches m'ont dit les choses les plus blessantes qui soient : « Je ne veux pas que mes enfants soient en contact avec Tristan, il a de trop mauvaises énergies, il va complètement les détruire et mes enfants sont trop sensibles pour ça. J'ai conscience de la cruauté de ce que je fais, mais c'est pour mes enfants. » La fin de trente-cinq ans d'amitié et de complicité profonde, balayée par la personne en qui j'avais le plus confiance. Les

1- Assistant de vie scolaire.

autres, bien plus tard – en tout cas ceux que j'ai revus des années après –, m'ont avoué que c'était tellement dur qu'ils s'étaient sentis démunis, ils ne savaient pas quoi me dire ni quoi faire… Et puis, ils avaient déjà leurs problèmes personnels… Je ne peux pas l'accepter mais je le comprends. Je me suis retrouvée alors complètement isolée. Même si j'ai lié des amitiés par la suite, avec des personnes dont je sais qu'elles ne m'abandonneront pas pour cause "d'autisme" puisque je les ai rencontrées avec Tristan, il m'arrive encore régulièrement d'entendre : « Tu viens dîner ? Mais pas avec Tristan, ce sera pas possible… »

Encore au Moyen Âge…

Depuis sa sortie de l'asile, Tristan erre entre deux humeurs, chaque fois qu'on croit en finir avec un comportement aussi éprouvant que désociabilisant, un autre apparaît, et parallèlement une nouvelle capacité émerge. Son activité permanente et son acharnement nouveau à détruire absolument tous les objets à sa portée, même lourds, nous privent de toute sortie mais, en même temps, il développe des apprentissages prometteurs, surprenants, dont une passion pour le dessin, et lui qui ne supporte jamais de se concentrer plus de deux secondes, dès qu'il voit une lettre, il la nomme, et accepte aussi que je lui apprenne à s'habiller. J'en fais part au Dr G. :

« Docteur, pensez-vous que cela puisse présager des progrès ? Une possibilité de développer ses capacités ?

— Malheureusement je connais ce phénomène chez les autistes, mais ne vous méprenez pas : ça ne veut rien dire pour lui. C'est juste une obsession de plus. Toutes ces informations sont seulement stockées dans son cerveau mais ça ne lui sert absolument à rien sauf à entretenir une obsession ! Il sait lire et s'habiller, oui, on l'a vu mettre ses chaussettes, son pantalon etc. C'est très louable ce que vous faites, ça marche mais ça n'a aucun sens pour lui. Les autistes ont une énorme capacité de mémoire, mais ça ne les aide pas dans leur développement : la preuve, regardez, ses comportements d'hyperactivité ne s'améliorent pas du tout malgré ce que vous faites. Honnêtement madame, je ne vous conseille de ne pas continuer, vous vous épuisez, vous êtes tout le temps sur lui, et vous allez juste en faire un singe savant. »

Je sors de l'entretien avec une sensation d'arnaque. Et si simplement, dans cet hôpital, ils avaient la flemme de travailler ? Et s'ils n'exploitaient pas les capacités des enfants, faute de temps et d'énergie ? Le personnel en sous-effectif est épuisé. Comment pourrait-il passer deux heures à enseigner à chaque enfant ?

Mon ex-mari consacre beaucoup de temps à recueillir des informations sur l'autisme maintenant que nous avons le diagnostic. Au cours d'une de ses recherches, il apprend qu'il existe dans tous les pays du monde des techniques d'approche spécifiques pour les enfants autistes. Ce que nous pressentions depuis le début est vrai. Il me téléphone, exalté :

« J'ai lu qu'il existait une méthode où on apprend plein de choses à son enfant, un peu comme tu le fais avec Tristan, mais ils ont toute une technique et ça marche ! Les parents participent beaucoup, ils enseignent d'abord à leur enfant les clés pour apprendre, en se basant sur un système très précis. On responsabilise les parents, on ne les culpabilise pas. Je connais une maman qui a sauvé son fils comme ça ! »

Je l'écoute, je dis oui... En raccrochant je suis dubitative, si cela est efficace pourquoi est-ce qu'on ne nous en a jamais parlé ? Il insiste et m'envoie des documents. Ça s'appelle "le TEACCH" ou "l'ABA". Il me donne le numéro d'une association spécialisée, et une maman m'explique que grâce à sa formation auprès d'une éducatrice en ABA originaire des États-Unis, son fils a pu réintégrer l'école et parler ! J'en fais part au Dr G. toute naïve et surprise qu'il ne m'en ait jamais parlé. Il s'assombrit :

« Oh là là, madame il faut vous méfier, ne tombez pas dans ce piège ! C'EST UNE SECTE et ça vous coûtera très cher. C'est une petite méthode de plus à la mode, tous les ans on nous envoie la liste des techniques en vogue, il y en a des tas et je vous assure qu'ici on fonctionne très bien sans ces attrape-parents ! Ils abondent dans le sens des mamans désespérées, ils profitent de leur détresse pour leur donner de faux espoirs : ils leur font croire que d'un coup de baguette magique leur enfant sera guéri, mais on ne guérit pas de l'autisme, c'est à vie ! Ils savent que les parents rejettent les psychiatres, alors ils les flattent au lieu de les responsabiliser et c'est pour ça que ça marche, tout le monde fonce tête baissée ! Ce sont des thérapies absurdes pour des comportements absurdes. Et finalement c'est du dressage, rien d'autre… Ils croient pouvoir appliquer un système pour les formater, sans tenir compte de la "boîte noire" qu'est l'esprit.

— Mais au moins, est-ce que vous pouvez me renseigner, où puis-je m'adresser pour ne serait-ce que vérifier cette réputation, et rencontrer des professionnels de ces techniques avec lui ? Il y a des centres en France ? »

Je posais là une question innocemment provocatrice.

« Bien sûr que non, et c'est pour ça que des parents lâchent tout pour partir aux États-Unis dans l'idée de "sauver" leur enfant, c'est dramatique… Alors, madame, vous pouvez toujours vous lancer dans ce rêve en abandonnant tout, mais ça me paraît complètement inutile et utopique.

— Si vraiment rien ne marche, trouvez-nous une solution pour calmer mon fils, ou le prendre en charge plus d'heures, je ne tiens plus le choc, je suis à bout, je sens que je vais craquer ! Parfois je n'ai même plus envie de m'occuper de lui tellement il crie fort ! Ma santé se détériore, mon cœur lâche, je me tape la tête contre les murs quand il crie pour éviter de passer ma colère sur lui, car non, je ne suis pas une mère fantastique, oui je disjoncte parfois et je me mets dans des colères telles que j'ai peur de jeter mon petit trésor par terre tellement ses cris stridents m'épuisent. Toute la journée, je prie pour pouvoir me reposer. Le cardiologue m'a dit que je devais faire une pause, il a ajouté : “Ce n’est pas du cercueil que vous veillerez sur votre enfant.” Il a raison. Et si je claque ? Je ne suis plus une mère forte, je pleure du matin au soir, j’ai des migraines en continu.

— Mais c’est normal, madame, de réagir comme ça ! Je vous vois toutes les semaines, vous allez bien, vous tenez le coup, et votre fils aussi.

— Non je ne vais pas bien, je vais mal ! Et je suis sûre que s’il était calme, j’arriverais à lui apprendre des choses. Là je n’ai plus la force, dans son état. Je voudrais qu’il soit en institut spécialisé la journée, ou bien je ne sais pas, il existe peut-être un médicament ou une plante qui pourrait l’apaiser ?

— Oui, oui... On va mettre en place un traitement médicamenteux, on va essayer ça. Il sera beaucoup plus calme, ça va lui faire du bien. »

Sans aucune autre solution, sans mode de garde, sans aucune trêve, je suis contrainte d’accepter, pour rester en vie. Je me dis qu’en se calmant Tristan progressera, qu’il pourra harmoniser ses apprentissages et que, par cette médication, nous aurons la possibilité d’avancer, d’avoir enfin une vie, simplement une vie.

Aucun calme n’apparaît pour autant et je remarque que Tristan dessine moins. Peut-être qu’il s’ennuie avec ce matériel qu’il connaît par cœur ? C’est évident ! Pendant qu’il est au CMP, je décide de partir lui acheter de magnifiques grands cahiers à dessin et des feutres bariolés, énormes, rigolos… Quand il revient, je lui montre mes trouvailles, tout émue à l'idée de voir son visage fou de joie :

« Tristan, écoute ! Maman t'a acheté des super cadeaux pour dessiner !! »

Il file.

« T'en veux pas.

— Regarde, tiens, c'est pour toi !

— T'en veux PAS ! »

Tristan attrape et jette tout en criant, et détale. Je ne comprends pas, je réessaie, il me fuit. Il a l'air d'être attaqué par des araignées géantes. Je vais attendre ce soir pour lui proposer. Il est peut-être trop ému, trop content. Quand il est ravi, l'émotion le rend infect. Mais le soir venu, le lendemain et les semaines suivantes, je n'ai pas plus de chance.

Un changement alarmant commence à apparaître depuis le traitement neuroleptique : au lieu d'être disponible pour ses apprentissages, il ne reconnaît plus les lettres. Je suis dévastée…

« C'est sûrement parce que les médicaments sont mal assimilés et en trop faibles doses, ne vous inquiétez pas, madame, je vais modifier l'ordonnance », m'assure le D^r^ G.

Le Dr G. double donc les doses qu'il complète avec un antidépresseur « pour qu'il assimile mieux le neuroleptique », il a lu ça dans une étude.

En une semaine, Tristan ne sent plus ni la fatigue ni la chaleur, et ne dort presque plus.

C'est bizarre, il me semble aussi qu'il devient droitier alors qu'il prenait toujours les cuillères et les stylos de la main gauche. Il est de plus en plus agité, on dirait qu'il n'écoute plus son corps. Il fugue sans arrêt, se débat, et il prend de la force, je ne peux pas le tenir.

Un nouveau problème s'ajoute, son AVS formidable est épuisé et va quitter son poste. Comme je m'y attendais ! J'espère que sa remplaçante sera aussi fine et douce que lui. La nouvelle aide scolaire arrive, se présente : « Bonjour, je suis Valérie, je connais l'autisme, j'ai travaillé dans des centres. » Je suis rassurée, la journée passe, je reviens le chercher : Tristan n'a peut-être pas supporté le changement... Elle m'annonce très contrariée : « Votre fils, il faut le cadrer ! Moi j'hésite pas ! Il est tellement inadapté que même un institut spécialisé n'en voudrait pas ! » Elle a l'air de me le reprocher, elle est énervée, ça doit être l'épuisement, parfois les gens vivent comme un échec l'agressivité de Tristan. Je me rends bien compte qu'il y a un message, encore une qui me fait comprendre que je n'ai pas assez grondé mon fils.

Deux jours plus tard, l'école m'appelle, quelque chose de très grave est arrivé. Je suis effrayée, l'aide scolaire me "rend" Tristan en me disant : « Je reviens de l'hôpital, votre fils m'a gravement mordue au bras, regardez ! Mais regardez ça !! » Elle retire son bandage et me montre une plaie impressionnante. Je n'imaginais pas que Tristan pourrait faire ça un jour. Je suis sous le choc. Non par compassion à vrai dire, mais parce que je connais mon fils, il ne fait pas ça par hasard.

Il peut mordre mais pas aussi violemment. Je lui demande immédiatement ce qui s'est passé.

« Il refusait d'aller se laver les mains, et moi je ne me laisse pas faire. Je l'ai l'empoigné, il a hurlé et s'est débattu, parce qu'il ne supporte pas la contrainte, il faut quand même l'habituer ! Pour me faire lâcher, il a fini par me mordre gravement ! Moi je finis la semaine mais ensuite j'arrête ! Je ne peux plus travailler avec lui ! »

Je m'excuse machinalement, mais elle est tellement outrée que ça ne sert à rien. Je marmonne quelques mots pour lui expliquer qu'il faut de la patience et qu'il a fait ça à cause de la panique, les mains bloquées, ne sachant pas ce qu'elle allait lui faire, il a pris peur. Je lui explique qu'il ne m'a jamais fait mal comme ça, mais elle se ferme, elle est en colère, elle a sûrement raison mais moi aussi je suis en colère contre elle. Tant mieux si elle s'en va…

Depuis cet incident, l'institutrice me rapporte que Tristan est intenable. C'est vrai, je le constate à la sortie de l'école, je ne peux même plus l'amener à la voiture, tellement il se débat. Les gens me regardent, effrayés. Seuls des parents anglais viennent m'aider, heureusement ils sont nombreux dans cette région, et ce sont mes seuls soutiens. Ils connaissent ces enfants, en Angleterre les autistes sont tous scolarisés, du coup on ne les exclut pas, on n'a pas peur d'eux, et même, là-bas, on sait les gérer.

Plus son état s'aggrave, plus on lui prescrit de médicaments en m'assurant qu'il faut juste trouver le bon dosage.

Après la perte de son esprit, je suis finalement en train de participer à la dégradation de son corps. Je ne sais plus dans quelle direction aller, je suis prise dans ce piège que j'ai initié presque moi-même : ces médicaments qu'on m'a assuré être « très doux et au top des nouveaux neuroleptiques sans effets secondaires » sont clairement forts, et créent une dépendance. On me prévient que le sevrage serait insoutenable, les crises de manque augmenteraient son agitation. Elles augmenteraient ? Elles sont déjà à un tel niveau ! Comment faire un choix ?

Il va falloir arrêter l'école, l'institutrice fait ce qu'elle peut, elle ne veut pas nous blesser ni baisser les bras, mais c'est impossible sans AVS. Je prends donc la décision à sa place. Je commence à penser à le mettre la journée dans un institut médico-éducatif, ou dans un centre de loisir spécialisé pour qu'il ait des vacances et moi aussi, ne serait-ce qu'un temps, pour me reposer. Je contacte trois centres, et une association qui permet aux enfants autistes de partir en colonie de vacances. Génial ! Je vais enfin passer trois ou quatre jours sans rien faire, rester au lit, dormir. Je me présente au rendez-vous avec Tristan, ils ont pris des renseignements auprès du CMP. Toutes mes demandes sont refusées. Je me réjouis toujours trop vite… Chaque fois que je le présente aux professionnels, ils me disent qu'ils sont navrés mais qu'à cause des cris et des colères permanentes, ils auraient besoin de personnel en plus, rien que pour lui. La responsable de la colonie de vacances me demande :

« Votre enfant mange-t-il seul ? Parce qu'on a beaucoup d'enfants à gérer vous savez.

— Non, il faut l'aider, il projette la nourriture partout, quand ce n'est pas son assiette !

— Et il va aux toilettes ?

— Euh… Non…

— Il dort bien la nuit ?

— Non, il essaie de se relever, il crie sans arrêt.

— Ah. Ça ne va pas être possible. Nos éducateurs sont très fatigués par leurs journées, s'ils ne dorment pas la nuit, vous comprenez ce n'est plus gérable pour eux, désolée, madame. »

Je suis furieuse ! En résumé, ils attendent qu'il ne soit plus autiste pour le prendre ? Et qu'il fasse la vaisselle aussi ?… C'est le monde à l'envers, quand un parent est dépassé, les instituts le sont encore plus. Je dois respirer coûte que coûte. Maintenant il bave, il tremble, il pleure tout le temps, l'esprit de plus en plus hagard, le corps toujours incontrôlable. Et tout le monde me prend pour une mère fusionnelle accrochée à son supplice, une sainte sacrifiée par narcissisme, qui ne veut pas lâcher son petit de six ans, mais ils ne savent pas que personne ne veut le garder.

Je ne sais plus quoi faire, le sevrer de ses médicaments, le gaver encore plus en écoutant le médecin, le mettre en institut ? Comment le sauver en me maintenant en vie ?…

Aux portes du royaume de Tristan

L'autre issue

Son père ne lâche pas l'idée de l'ABA et des pratiques comportementales, qui excluent la psychanalyse et “traitent” directement le comportement inadapté. Elles visent les apprentissages, donnent des techniques pour comprendre son enfant, etc. Il m'en parle chaque semaine. Sa détermination compense sans doute mon inertie et la perte quasi totale de ma santé physique et mentale. Il m'envoie un dossier d'inscription pour entrer en Formation Analyse du Comportement à l'Université de Lille 3. Je croyais que ces méthodes n'existaient pas en France ?? Apparemment le Dr G. n'était pas renseigné. Il y a même un Master ?!

J'ai le niveau requis pour postuler par équivalence au diplôme universitaire en “Analyse du comportement appliquée aux troubles du développement et du comportement”, un titre qui convient fort bien à ma situation. Mais je ne m'en sens pas capable, je suis arrivée à un tel point de dévalorisation et de lassitude… Heureusement, mon ex-mari est pugnace. Il me rappelle que j'ai réussi à passer mon permis avec Tristan hurlant à l'arrière du véhicule d'auto-école, après avoir convaincu la monitrice de cacher cette énorme infraction qui pouvait lui coûter sa licence : me donner les cours la nuit tombée, et en venant elle-même me chercher puisque je ne pouvais me déplacer sans moyens de transport. Et surtout, il me rappelle tout ce que j'ai déjà vaincu, et réussit ainsi à me persuader.

Quelques semaines plus tard, je reçois un appel téléphonique d'une charmante secrétaire qui m'apprend que mon dossier est accepté ! Je suis admise aux cours... Je souris, ce qui ne m'arrivait plus et, sans pouvoir l'expliquer, je sens que notre vie va basculer brusquement, mais cette fois dans le positif. Tristan allait renaître, j'allais bientôt retrouver mon fils qu'on me disait perdu.

Formation à Lille 3

J'ai déjà 72 heures de cours en pagaille et de fiches entassés dans le cerveau. Je ne veux pas pour l'instant mettre en pratique ce traitement tabou, l'ABA, avant de maîtriser un minimum de concepts. Mais c'est urgent, Tristan a besoin d'aide. Les cours me paraissent simples et, en même temps, d'une grande complexité, nous entrons dans un monde de concepts très éloigné de notre esprit français, de ce qu'on nous enseigne depuis l'enfance. Cependant je m'accroche et tout me pousse à continuer, d'autant plus que Marie, ma pianiste accompagnatrice et grande complice, a proposé de faire 300 kilomètres une fois par mois sans rien demander en retour, pour garder Tristan quand je vais à Lille. Elle souffre dans les cris et la nourriture projetée du dimanche soir au mardi matin, mais elle ne lâche pas.

Dans les cours, on nous parle de "renforcement", une récompense après une bonne réponse, mais ce n'est pas qu'une récompense, c'est une conséquence à un acte, qui va permettre à cet acte de se reproduire ensuite. Euh, je ne comprends rien… Ah si, c'est le fameux sucre qu'on donne au chien, c'est ce qui fait hurler les psys, mais ça ne me choque pas. Nous sommes tous dressés, la vie en société nous formate d'une certaine manière au quotidien, nous sommes conditionnés, mais par le négatif, par des punitions. En passant des journées à l'école ou dans des familles, j'ai fait le compte, un enfant est très souvent puni pour un comportement indésirable, et rarement récompensé pour une chose bien faite. C'est l'ancienne méthode qu'on connaît tous ici. Il faut tout inverser. Je dois maintenant intégrer que la moindre bonne réponse à une stimulation, à une consigne, doit être récompensée. Le voile tombe progressivement : l'analyse du comportement, c'est du travail, de la précision, de la minutie. On mesure tous les comportements, avant et après un programme, on le stoppe, on mesure, on le reprend, on re-mesure pour vérifier si c'est bien le programme qui fait effet et qui a modifié le comportement, etc. Ainsi on sait s'il faut le réajuster, l'arrêter, réduire le système de "récompense" ou le ré-évaluer. Ici, les thérapeutes se remettent automatiquement en question, ils peuvent décider de rayer toute une stratégie et d'en recréer une autre si ça n'a pas fonctionné, sans se vexer, je n'avais jamais vu cela. D'habitude, les psys que je connais s'accrochent, même si l'enfant supplie dans ses excréments, et trouvent des arguments pour dire que « le malaise est très bon signe ». Avec l'ABA , pour éviter ces débordements de subjectivité, intervient régulièrement une tierce personne, un professionnel d'un autre groupe, qui observe le patient et stoppe, par son œil neuf, toute forme de dérive subjective. Les ressentis seuls ne déterminent jamais les programmes. En résumé, toutes les précautions sont prises pour éviter ce qui nous est arrivé à l'asile. Au CMP, j'ai souvent entendu une éducatrice dire de Tristan : « Cet enfant est non verbal » et l'autre répondre : « Ah pourtant c'est bizarre, avec moi il parle un peu », ou bien une aide-soignante remarquer : « Cet enfant est violent » et le collègue répondre : « Ah bon ? Pourtant il ne l'est pas dans le groupe lecture »... À force de donner son avis personnel, tout est possible. Je comprends mieux cette haine, ce tabou, ce mépris de l'ABA, c'est exactement l'anti-thèse de la psychanalyse : on vérifie, tout est pensé et préparé, programmé avec soin, évalué et quantifié, tout est filmé, accessible à l'entourage, décidé avec l'entourage, enseigné à l'entourage, la prise en charge de la personne est ajustée à un niveau chirurgical... C'est une science.

Une science respectueuse, utile et passionnante, c'est donc cela que méprisent, dans une gigantesque ignorance, tous ces beaux spécialistes français. Je me sens exaltée et indignée. Indignée qu'on casse sans savoir, que l'on s'en prenne à des spécialistes qui font tout pour aider des personnes à revenir vers la sociabilisation, la "réhabilitation", à acquérir l'autonomie.

Durant les deux premiers mois de cours, j'ai mis du temps à organiser mon esprit éreinté. Je devais assimiler, digérer de nouvelles façons d'agir, et oublier toutes ces recommandations contradictoires : « Il a juste besoin de plus de fessées, arrêtez de le toucher, ne soyez pas sur lui tout le temps, forcez-le, grondez-le. » Bref, tout ceci devait aller aux oubliettes.

L'ABA peut être utilisée auprès d'enfants autistes, entre autres, pour leur apprendre à apprendre... Je n'y avais jamais pensé ! C'est vrai : Tristan ne sait pas apprendre, et je ne sais pas lui enseigner, il ne peut rien apprendre sans passer par la rééducation de l'imitation, qui stimule "les neurones miroirs". Il ne peut rien apprendre sans regarder dans les yeux ou comprendre ce qu'on lui montre, ni parler s'il est incapable d'associer des choses entre elles, les trier par caractéristiques ou fonctions, ce qui lui permettra d'associer les mots aux concepts. Voilà ce qu'il fallait commencer par faire pour entrer dans son monde !

Un cours, en particulier, m'a donné les clés pour comprendre tous les comportements de mon fils, et retrouver la paix dans ma maison. Ce cours a été une révélation : tout comportement a une fonction. Même se balancer ! Or jusqu'ici on me répétait des sophismes ou des interprétations farfelues : « Il court et sautille parce qu'il est autiste ; il crie et tape parce qu'il est angoissé ; il est angoissé parce qu'il est psychotique ; il est psychotique parce qu'il est en fusion avec sa mère. » Mais jamais on n'a donné une valeur et une fonction à ses comportements, jamais on ne m'a dit que ces comportements avaient un but, compensaient une action qu'il ne pouvait exprimer de manière compréhensible, à cause du handicap. Je n'avais jamais envisagé autre chose que de le calmer et, en l'apaisant, on ne se contente que d'étouffer momentanément cette action. Il fallait donc lui apprendre en amont à exprimer ou réaliser ce qu'il recherchait à travers les seuls comportements qu'il connaissait : les cris.

Je dois d'abord évaluer ce qu'il aime, et travailler avec lui sur ses choix, et ne plus le regarder de travers ou prendre un ton agacé. Puis rééduquer patiemment les bases qui lui permettront d'apprendre comme tout être vivant, et lui enseigner en priorité les "demandes", car sans cette aptitude il ne sait que crier, comme un nouveau-né qui a faim ou mal au ventre. Si l'on dit juste au bébé de se taire, ça ne fonctionne pas. Si on l'apaise en le berçant, il se calmera peut-être ou s'endormira, mais il aura toujours mal ou faim et les pleurs reprendront.

Ce n'est pas une petite "méthode" à la mode… L'analyse du comportement est le fruit d'années d'études du comportement humain et animal depuis le XIXe siècle dans divers pays, l'étude des réflexes et des conditionnements propres à tout organisme vivant.

Je ne savais pas que l'humain répondait à des contingences aussi mathématiques et, pour être honnête, tant que je n'avais rien testé, je n'y croyais pas vraiment. Ça ressemblait à des formules de physique. Je n'ai en main pour le moment qu'un petit bout de théorie mais je vois que les concepts sont ingénieux, j'entrevois mon fils d'une autre manière. Est-il possible qu'il hurle ou se tape la tête parce qu'il veut quelque chose de précis ? Derrière les actes que l'on m'assurait être ceux, absurdes, d'un "aliéné", il y aurait une logique parfaite.

Un combat galiléen

J'ai commencé les cours depuis quatre mois, et me rends un lundi par mois à Lille. Les professeurs, Vinca Rivière et son équipe, se montrent disponibles, ouverts, répondent au cas par cas, tout me passionne dans ce qu'ils disent, tout peut aider Tristan.

Je révise, je fais les exercices et m'occupe de Tristan, mais je vais devoir faire face à un déchaînement de réactions hostiles de la part de l'hôpital. J'appelle le CMP avec cette nouvelle difficile à annoncer au Dr G. :

« Voilà, je me forme à l'ABA… J'ai commencé les cours. »

Il me demande si je suis d'accord pour faire une réunion avec ses collègues, car Tristan devra bientôt suivre une méthode très controversée, et le médecin doit en informer son personnel. La nouvelle sera visiblement dure à encaisser pour eux, je réalise dans quoi je mets les pieds.

Mais j'ai bien l'intention de me révolter d'autant plus que leurs méthodes me laissent de plus en plus perplexe. Tous les mardis après ses trois heures d'hôpital de jour, Tristan est enrhumé et plutôt calme… comme fatigué. J'ai fini par demander aux infirmières pourquoi il avait toujours le nez qui coule le mardi. Elles m'ont expliqué qu'elles appliquaient une nouvelle technique qui avait beaucoup de résultats sur l'apaisement de l'enfant.

« Nous le mettons nu dans une pièce, avec deux encadrants, puis nous l'enveloppons dans des draps trempés d'eau froide.

— Mais il n'a pas froid ? Il supporte ça ? »

Je n'en revenais pas !

« Oui oui, nous avons reçu des formations, c'est un protocole précis ; il se réchauffe lui-même en réchauffant les draps par sa peau, et il prend ainsi conscience de son enveloppe corporelle ; c'est cette absence de corps et de conscience de la peau qui donne des angoisses aux autistes… Et grâce aux "enveloppements", il reprend conscience de son "enveloppe"… et ça le sécurise. Nous avons des échanges avec lui, il est plus disponible dans ces moments. »

Je n'y comprends rien. Je trouve très curieux qu'il accepte sans hurler, qu'il ne souffre pas, moi je détesterais ça ! Je leur demande si elles aimeraient qu'on les enveloppe dans des draps glacés, elles m'assurent que Tristan apprécie ces moments. Je ne savais pas que cette pratique, le *Packing*, allait bientôt déclencher un soulèvement, des manifestations de parents devant le ministère de la Santé, et une indignation nationale. Aujourd'hui seulement, en 2015, des études sont en cours, pour vérifier les effets bénéfiques de ce traitement. Mais des années plus tôt, j'aurais seulement préféré qu'on m'informe avant de pratiquer sur mon enfant quelque chose d'aussi intrusif et peu validé.

J'entre dans la salle de réunion pour leur annoncer que je me forme à l'ABA, et refais cette annonce devant les pédopsychiatres et les psychologues. Ils ont préparé leur réponse :

« Ah ! Vous allez donner LE "su-sucre" à votre fils, dès qu'il lèvera la patte ? »...

Le coup du dressage, je l'attendais. Je ne faiblis pas, ce jeu commence même à m'amuser... J'ai l'impression d'être Galilée face aux foules furieuses et aux savants hors d'eux, outrés qu'on ose détrôner leurs très anciennes idées.

« Oui, Docteur, en effet l'ABA est basée sur la notion de récompense, il faut motiver les enfants ! Grâce aux récompenses, on obtient des choses d'eux, alors qu'en les enfermant ou en les faisant patauger, vous ne leur apprenez rien. Vous travaillez parce que vous êtes payés, non ? Si vous n'aviez plus de salaire, vous viendriez dans cet hôpital ? Nous sommes tous "dressés", à l'école ou au volant, le plus souvent par des amendes ou des heures de colle, ici ce sont des récompenses.

La différence entre le cliché médiatique, et la réalité d'une ABA bien pratiquée, est que ce "sucre" ne constitue pas un programme à long terme, on passe le plus vite possible à des récompenses naturelles. Le su-sucre comme unique programme est un cliché !

— Je suis choquée par une chose, s'indigne une psychologue, avec votre méthode vous imposez une sensorialité "normale" à un sujet qui n'est pas dans cette norme, vous l'obligez à se formater sur nos sensations ! C'est irrespectueux de sa maladie ! Vous êtes une mère alors vous ne voulez pas voir sa différence, pour vous il doit être comme les autres, mais cela ne traduit-il pas votre impossibilité à faire votre deuil de l'enfant normal ? »

Je me contiens, je respire et explique :

« Oui et non… Oui, on vise la norme, le but est de les réhabiliter, mais non, on n'impose rien, tout se fait pas à pas, de manière très progressive, ludique, agréable et en fonction du rythme et des préférences de chacun, sur plusieurs années. Ces personnes n'ont eu jusque-là qu'un choix : les cris, les agressions. Dans votre système, elles n'accèdent finalement qu'à l'enfermement en elles-mêmes, ou l'enfermement dans un institut ou un asile. Elles n'apprennent pas à vivre avec nous, on les enterre. Moi, c'est ça qui me choque. Je préfère qu'on donne un sucre à mon fils pour lui apprendre à parler les trois premiers mois de séance, plutôt que de le voir attaché dans ses excréments. À vous de juger où se trouve la dignité de l'homme, en tout cas pour une mère, c'est vite vu.

— Pour moi, c'est de la maltraitance ! s'énerve une éducatrice. J'ai vu une émission sur l'ABA où on forçait quarante fois de suite un gamin à revenir à sa table de travail, il hurlait, puis il a fini par céder, c'est honteux. C'est uniquement de l'éducatif forcé, avec des récompenses, mais vous n'êtes pas dans le jeu et la relation. Vous ne tenez pas compte de la singularité de l'enfant en tant que sujet pour communiquer avec lui, et vous ne pouvez pas être à l'écoute de vos ressentis puisque vous appliquez une méthode. »

Ces considérations sont aussi affirmatives que mal renseignées. Je me sens fatiguée de répondre sur des rumeurs, je voulais parler de ce domaine passionnant, partager des idées, et je me retrouve à nouveau attaquée.

« Lorsqu'elle est correctement appliquée, l'analyse du comportement a pour base "l'analyse", l'écoute de la personne, et les apprentissages sont justement très ajustés à sa sensorialité. Le travail est basé sur ses motivations. Parfois en effet, faute de bonnes formations en France, certaines personnes apprennent "sur le tas", et travaillent de manière extrêmement répétitive et forcée, il y a des professionnels mal formés parce qu'il n'y a pas assez de formations universitaires et de supervisions accessibles en France.

— Moi ce qui me gêne, affirme un psychiatre, c'est que L'ABA n'a qu'un effet à court terme. À l'adolescence, les symptômes reviennent tous en masse, et c'est la catastrophe, c'est pire, ils deviennent dangereux ! Comme quoi ce n'est pas une baguette magique !! On ne guérit pas de l'autisme.

— Et comment savez-vous que les comportements reviennent à l'adolescence ? Vous avez suivi un groupe d'enfants sur dix ans, correctement pris en charge par des professionnels diplômés de l'ABA, vous avez fait des statistiques ? Je m'adresse à vous tous : je vous entends parler depuis le début, mais vous n'avez finalement que des informations que vous glanez à travers les médias. Avez-vous suivi des programmes pendant quatre mois à l'étranger ou dans le service ABA pionnier du Dr Vinca Rivière à Villeneuve D'Asq ?? Les résultats d'un traitement ABA professionnel en France n'ont jamais été suivis sur vingt ans, donc la France ne sait rien. Pour les autres pays, où l'ABA existe depuis des décennies, on a validé ses effets depuis très longtemps. Pour vous répondre, le traitement ABA n'est pas “momentané”, c'est bien plus élaboré. Les progrès perdurent et sont acquis quand le programme est mis en place correctement et sur plusieurs années avec un bon suivi dans tous les lieux de vie. Au début, on récompense un enfant parce qu'il a dit bonjour, puis avec un programme bien fait, il sera progressivement conscient d'être vu, salué à son tour, apprécié, et cela lui suffira, il sera récompensé naturellement comme nous tous. On ne prétend pas guérir mais améliorer l'intégration sociale. Parfois la personne doit rester suivie de manière moins intensive, tout en faisant l'objet d'une vraie évaluation à travers des programmes très spécifiques auprès de professionnels de divers horizons. »

Dans la salle, je remarque que les soignants posent des questions qu'ils ont visiblement préparées, mais ils n'ont pas réussi à argumenter après mes réponses… Ils semblent embarrassés, leurs visages se figent, ils s'aperçoivent que ces concepts élaborés ne sont pas aussi faciles à démonter.

« Tout ce que vous décrivez a l'air parfait, fait le Dr G. un peu désabusé, mais ça va passer, comme toutes les modes ! Il y a cinq ans c'était la delphinothérapie, c'était formidable, demain ce sera autre chose. Cette méthode a ses limites, elle donne des résultats fluctuants en fonction du degré de déficience intellectuelle. »

La réunion touche à sa fin, c'est l'heure de conclure. J'espérais beaucoup de cet entretien, je pensais parler des programmes, et de la manière dont on pouvait faire avancer les enfants autistes. Je suis déçue, je voulais faire évoluer les mentalités, mais je me retrouve devant un mur…

« L'ABA est un domaine complexe, si vous n'en saisissez qu'un seul aspect, vous ne pouvez pas le comprendre. C'est à la fois technique et souple. L'ABA est une rééducation très encadrée qui nécessite des études approfondies mais elle est ouverte, et s'enrichit de l'intervention d'une équipe pluridisciplinaire, de psychomotriciens, d'artistes, de sportifs… On ne parle de "méthode fermée" qu'en France, à l'étranger on parle de protocole ou traitement. Il ne faut pas en avoir peur, c'est une base d'outils très scientifiques et validés depuis des décennies, adaptés de manière très personnalisée aux besoins d'un enfant autiste. Ces domaines peuvent être soutenus par les outils ABA, mais ce n'est pas que de l'ABA ! Il faudrait que vous suiviez un professionnel dans ses prises en charge pour comprendre à quel point c'est varié et ajusté à la personne. »

Fatiguée, je me lève et rentre chez moi. Je ne sais pas pourquoi j'ai dépensé autant de ma précieuse énergie pour des personnes aussi hostiles. J'ignore si ces échanges auront un effet sur eux tant que les progrès de Tristan ne les auront pas convaincus.

Dans les couloirs du CMP, on ne sait plus quoi inventer pour condamner ma nouvelle lubie sur l'ABA. Une psychologue de l'hôpital fait actuellement circuler une rumeur jusque dans sa chorale : « Des collègues et moi, on trouve que depuis qu'elle s'absente pour ses études, Tristan va mal, c'est irresponsable de sa part d'aller s'endoctriner là-bas en laissant son fils. » Le ragot m'est revenu aux oreilles par un ami d'ami. Ça circule vite une médisance, tant et si bien que le Dr G. a contraint son employée à me téléphoner pour s'excuser. Je n'ai que faire de ses excuses. Oui, c'est mesquin cet acharnement, mais ça me laisse de marbre. Je suis moins vulnérable parce que je comprends mieux Tristan. Je vois où je vais, et comment je dois avancer. Je ne peux pas l'expliquer mais j'ai retrouvé toute mon énergie, je sais que ça marchera, que j'aurai bientôt en main la clé pour « remettre Tristan au monde ».

La découverte des approches comportementales

Premières solutions

Un comportementaliste va d'emblée, par des protocoles scientifiques, rechercher la FONCTION d'un comportement problématique, tandis qu'un psychanalyste recherchera la CAUSE par des moyens analytiques subjectifs fondés sur son expérience et ses interprétations.

Dans le premier cas, tous les comportements, ainsi que leurs chances de se renouveler ou de disparaître, sont inscrits dans une logique de causes et de conséquences, que l'on pourrait traduire par « s'il arrive ceci… je fais cela… et j'obtiens ceci ». « Je me fais piquer par un insecte… je me gratte… ma démangeaison est apaisée… je vais donc recommencer à me gratter » ou « le feu est rouge… je le grille… j'ai un accident »… Ce n'est pas toujours le cas, mais par la suite « j'aurai moins tendance à griller le feu ». Avec le premier exemple, on parle de renforcement du comportement ; avec le second, de punition. Tout être vivant sera naturellement conditionné par ces contingences sans avoir besoin d'aucun suivi ABA.

J'ai enfin les "Clés de son Royaume"

Je me forme à l'analyse du comportement à l'Université de Lille 3 depuis six mois, quand le père de Tristan découvre qu'on nous a bien caché qu'il existait des centres de dépistage et d'évaluation de l'autisme, aux normes de l'OMS, avec des protocoles conformes aux pratiques internationales. J'en parle au Dr G. qui m'explique :

« Ah oui, ces gens-là sont évidemment dans le camp des scientifiques, alors tout est très précis, on va éplucher votre enfant, mais vous allez perdre votre temps, votre fils est autiste, n'allez pas chercher plus loin ! Je vous déconseille vraiment d'aller l'embêter pendant des jours à faire des tests »...

Oh, mais si Docteur, on ira, et plus vous semblez méfiant, plus nous serons pressés d'en savoir plus.

Nous faisons le bilan et obtenons un mois plus tard un diagnostic enfin sérieux et très complet au CRA (Centre de ressources autisme) sur notre fils, maintenant âgé de sept ans. Quatre jours de tests et de questions, entourés de personnes très compétentes, connaissant même l'ABA et ses termes compliqués. J'ai pu parler "technique" et, pour la première fois, évoquer les programmes en cours. J'avais l'impression d'être aux Pays-Bas ou en Angleterre, avec des professionnels investis dans une pratique concrète et saine. Le chef de service, un grand professeur en neuropsychiatrie, n'affichant aucun air grave et silencieux mais plutôt détendu et accessible, m'a conseillé l'ABA pour Tristan. Son bilan dévoile que les capacités de mon fils sont bloquées par des troubles sévères de l'opposition. L'ABA est une solution pour le comprendre et le rééduquer, il faudra réduire l'opposition et développer des apprentissages. Il s'agit d'un « TED sévère non spécifié »... Non, rien à voir avec la mère, ni avec le père. Ce professeur est un scientifique, il est dans la recherche de solutions concrètes, pas dans l'interprétatif : « Votre enfant a un Trouble Envahissant du Développement sévère, on a 45 points de dégradation sur 50. Les causes de l'autisme sont, entre autres, neurologiques, il a été démontré que la connexion neurones-synapses ne se faisait pas correctement, alors ne croyez pas ce que ces charlatans vous ont dit ! Aucune mère ne peut avoir assez de pouvoir pour rendre son fils autiste ! C'est un mythe, un fantasme de la mère "hyper-puissante" qui crée et engloutit, c'est délirant et préhistorique. Ils vous ont inventé le terme "psychose fusionnelle" juste pour vous emmerder ! Madame, au nom de toute mon équipe, nous nous insurgeons contre leurs pratiques d'un autre siècle. » J'essaie de sourire et de le remercier, mais ma gorge est nouée, les larmes coulent, je suis muette. Il détourne le regard et change de sujet par respect, parce qu'ici on ne pratique pas l'intrusion... Il ne notera pas dans mon dossier : « La mère est hyperémotive et pleure pour un rien. » OUF ! Je suis émue, pour la première fois on casse le mur que des psychiatres avaient construit entre mon fils et moi. Je suis heureuse parce que je vais pouvoir toucher mon fils sans avoir peur de le rendre psychotique...

Mais le bilan est effrayant : Tristan a entre six mois et un an et demi d'âge mental. Je dois développer tous les apprentissages de base : tenir une bouteille, attraper un ballon, aller aux toilettes, dire un mot, boire un verre d'eau, s'asseoir… Ici, au CRA, on ne me dit plus : « Laissez votre fils tranquille au lieu de le dresser et de l'étouffer », au contraire on me dit : « Vite, au travail, apprenez-lui tout ce que vous pouvez. »

Les cours à Lille 3 sont uniquement théoriques cette première année, je veux maîtriser un minimum de concepts avant d'appliquer la moindre technique comportementale sur mon enfant. J'ai conscience que je risque de jouer à l'apprentie sorcière. Des gens se disent "formés" à l'ABA après un stage d'une semaine, sans approfondissement, ni pratique, ni supervision. J'ai le vertige, car je sais que, même après six mois de formation sérieuse, je débute, je ne connais pas grand-chose, l'ABA est riche et chacun de mes actes aura une conséquence sur mon enfant, mais il faut que je l'aide car il continue de s'enfoncer. Il a une nouvelle phobie depuis une semaine : il refuse de retirer son tee shirt. Il devient bleu et tremble, il hurle et mord tout ce qui s'approche si on fait mine de le lui enlever. Comme je ne peux plus le laver, il est imprégné de son urine qui commence à lui donner des boutons. Heureusement, j'ai cours demain, je vais demander à un superviseur. On ne peut pas élaborer de programme sans avoir observé un enfant mais on ne sait jamais, ils peuvent y arriver, ils sont très compétents.

J'arrive en cours, la prof est détendue, souriante, je fonce sur elle et déballe le problème. En trente secondes elle me donne une stratégie sans hésiter : « Vous lui donnez un mini renforçateur à la seconde 0 où vous enlevez le tee shirt. » Hein ? Quoi ? « Vous voulez dire que j'enlève son tee shirt et je donne vite un bonbon ? » « Non : à la seconde 0, la seconde même où vous initiez votre mouvement vers son tee shirt vous lui donnez le renforçateur. Un tout petit bout. Ensuite quand c'est fini, vous renforcez bien sûr. »

Je ressors dubitative. Je rentre de Lille à minuit, je prépare le mini bonbon pour le lendemain matin, je le cache, il ne faut surtout pas qu'il le trouve avant, sinon ça n'aura plus d'effet sur lui, il sera rassasié.

Le lendemain matin, Tristan sort du lit, le tee shirt est trempé d'urine, il est de très mauvaise humeur… Allez j'attaque, je respire, et j'essaie. D'une main, je cale le bonbon dans sa bouche, de l'autre j'enlève le tee shirt. Il a eu, pendant un dixième de seconde, un réflexe défensif, mais sentant la menthe sucrée diffuser son parfum dans ses papilles il est resté zen, calme, détendu. Le tee shirt est enlevé, il regarde son torse nu. Il sourit, je le récompense, un peu sciée, comme lui. Puis au fil des jours, la phobie part, sans laisser de trace, plus besoin de lui donner un bonbon évidemment.

Première session : Tristan m'imite…

Je vais rejouer avec lui la scène de la bouteille d'eau chaque fois renversée. La même, avec des armes cette fois.

Je suis épuisée, mais je me conditionne pour être enthousiaste et réactive. Ce n'est pas le programme qui est le plus dur à exécuter, mais l'énergie me manque, alors que je dois me donner complètement. À l'université de Lille 3, une enseignante psychologue nous a appris et répété dix mille fois en cours : « Vous ne pouvez rien apprendre à un enfant autiste sans enthousiasme ni regard. L'enfant doit adorer ce qu'il fait avec vous, il doit être en totale confiance, vous devez lui donner goût au travail, le valoriser pour tout ce qu'il fait de bien, à fond, il faut qu'il voie que vous êtes très content : ce qu'il vous donne, donnez-lui en retour, axez tout sur la communication et la valorisation, il doit prendre de l'assurance. Jusqu'ici il n'en n'a certainement pas eu, personne n'a peut-être cru en lui, cru qu'il irait loin… S'il vient tout de suite vers vous avec le sourire, c'est que vous avez réussi à créer un lien. »

La nuance entre “baguette magique qui appâte les parents crédules” et “croire dans les capacités d'un enfant autiste” fait l'objet d'une grave confusion en France.

Je choisis un moment qu'il aime : une promenade dans les petits chemins. Je ne referai pas l'erreur d'attendre d'avoir marché trente minutes, sinon il aura très soif, trop soif pour être patient. Il me demande de le porter, cela fait déjà deux jours que je refuse. Il sera encore plus heureux quand j'accepterai. Ce jour-là, je décide de reprendre espoir, je me fais confiance pour mettre en place toutes les stratégies, j'ai tout préparé, j'ai prévu chaque étape.

Nous avançons depuis vingt minutes, il y a du soleil, mais Tristan n'est pas souriant aujourd'hui. Alors je le chatouille pour créer une complicité. Il rit, je le félicite… Je ne lui tends pas tout de suite sa petite bouteille d'eau. Il est plus détendu, je peux me permettre de lui demander une première chose, je vais essayer de le familiariser avec une nouvelle activité : L'IMITATION. Je me lance.

J'essaie : « Tristan, regarde maman ! » Il fuit mon regard. Je dois rebondir, je sors la bouteille, je la mets au niveau de mes yeux, il la suit du regard et croise mes yeux : « Bravo, mon grand garçon, tu me regardes bien ! OUIIII ! »

Il sourit. Il ne se roule pas par terre pour avoir la bouteille car je lui fais vite boire une gorgée, mais je sens qu'il ne faut pas que je sois lente, la frustration peut tout réduire en fumée. Je dois enchaîner très vite les actions.

Je m'agenouille face à lui, je tapote mon ventre et lui dis : « Fais pareil » en guidant tout doucement ses mains vers son ventre. Il est intrigué, il hésite, je redonne la même consigne avec les mêmes aides. Le miracle se produit, d'un coup, il se tapote le ventre comme moi ! Je le félicite, il sourit, je me retiens de hurler de joie, je lui donne à boire deux gorgées, il n'a pas très soif mais il aime bien, j'ai mis du sirop dans l'eau.

Je lui montre à nouveau la bouteille, bien devant ses yeux, je lui prends la main pour qu'il la pointe avec son doigt – tout cela va très vite – je lui donne à boire en le félicitant d'avoir bien demandé même si je l'ai entièrement guidé (la prochaine fois je le guiderai moins, on appelle cela “estomper les guidances”, puis il finira par le faire seul), je le soulève en dansant et en le félicitant : « Champion de France !! Tu demandes bien !! »

Tristan adore que je le porte en dansant. L’objectif est qu’il associe le fait que suivre une consigne sera la condition pour obtenir ce qu’il veut. Il a toujours tout obtenu jusqu’ici sans aucune condition, ou pire : chaque fois qu’il hurlait !… Sans le savoir je l’encourageais à hurler.

Je le pose, il me tend les bras, je réponds : « Fais comme moi » en tapotant mon ventre, et il le refait sans que je le guide ! Et bien sûr, je le porte immédiatement.

On arrive au but final de cette session : je vais lui montrer comment on boit, il devra m’imiter maintenant qu’il sait comment faire, et je lui retirerai la bouteille juste avant qu’il ne la lance – on ne doit pas finir sur un échec mais sur un succès récompensé, “renforcé”.

Je me place devant lui, à sa hauteur, je capte son regard, j’enchaîne vite les deux actions : je bois une seconde à sa bouteille et je la rebouche vite : « Fais pareil. »

Je lui donne la bouteille rouverte, tout en calant le bouchon dans son autre main, il la porte à sa bouche, je guide très vite sa main pour qu’il la rebouche. « Bravo, dis donc, mais tu as réussi à reboucher la bouteille !!!! », il sourit, il comprend qu’il a réussi, je lis de la fierté dans ses yeux pour la première fois. C’est magique, il veut recommencer, il s’amuse. On recommence la même scène cinq fois. La dernière fois, je le laisse boucher seul la bouteille, et ça marche. Pas de bouteille lancée ni vidée !… Je n'en reviens pas !

Des soignants m'avaient mise en garde, c'est « une très mauvaise idée de se lancer dans un tel travail, vous serez épuisée !! » Mais quelle bonne fatigue par rapport à une course poursuite dans les chemins pour qu'il ne jette pas la dernière goutte d'eau sans avoir rien bu !

Je ne suis pas fatiguée, je suis trop heureuse pour ça. Ce n'est pas encore acquis, mais Tristan a appris cinq choses en dix minutes : 1- imiter une action ; 2- tolérer la frustration ; 3- demander correctement en pointant ; 4- boire sans jeter ; 5- reboucher une bouteille. Il est non seulement réceptif, mais content de travailler.

Et je réalise combien, avant l'analyse du comportement, je n'avais aucune notion du timing, des contingences, de ses capacités de coopération mal exploitées. Aujourd'hui tout prend forme, tout suit une logique de reconstruction. Alors pourquoi la récompense est-elle si mal vue en France ? Récompenser serait réduire la personne à un sujet manipulable, propre au conditionnement, donc méprisé. Il faut lutter contre ces préjugés.

Journal de bord : Tristan apprend la propreté

Je vais mettre en place un programme pour améliorer ce qui me fatigue le plus dans le top 10 des calvaires que son autisme m'impose. Je vais essayer de réduire son incontinence permanente. Je passe mon temps à le nettoyer, depuis cinq ans ma vie se déroule principalement une éponge à la main.

Un travail titanesque m'attend, je suis seule au monde, je n'ai pas un centime, je dois agir seule et ne compter que sur moi et l'équipe de Lille 3, à distance. Je rédige le programme en détail, je l'ai évoqué avec une psychologue de Lille 3 : il faut un programme de renforcement simple, suivi d'un estompage du renforcement en fonction des résultats mesurés.

Tristan n'est jamais resté sur le pot, ni le petit ni le grand. Il se mord et hurle dès que je l'approche des toilettes et aucun professionnel de santé ne m'a jamais donné la moindre marche à suivre en sept ans : « Il est autiste, c'est normal qu'il soit incontinent, vous verriez dans les hôpitaux psychiatriques, les adultes le sont presque tous, de même qu'il crient et se frappent le visage. C'est pour ça qu'on les attache et qu'ils ont des couches, on n'est pas des bourreaux, on est obligés de le faire ! » Ils doivent avoir raison ces psychiatres, jusqu'ici pour Tristan, tout ce que j'ai essayé avec une éducation classique a échoué. Mais je crois en mon fils. Je vais donc mettre en place une stratégie pour "petit animal de cirque". J'attends de ce suprême avilissement qu'il retrouve sa dignité, parce qu'il grandit ; et toute une vie attaché à l'asile, je ne veux pas de ça pour lui.

Je programme quatre étapes après m'être basée en partie sur des études scientifiques publiées dans un journal international, le *JABA*, où tous les chercheurs publient les stratégies en analyse du comportement ayant été validées comme efficaces et réplicables sur d'autres cas similaires.

Voici le journal de bord de ce programme.

Je passe d'abord cinq jours à relever les horaires et la fréquence de ses "accidents", je note tout sur un graphique pour vérifier si le traitement fonctionne, et où en sont exactement ses progrès. Je repère que les pipis ont lieu toutes les trois heures, de sept heures du matin, au coucher.

Je m'abstiens de lui faire la moindre réflexion quand il fait sur lui, je ne le lave plus pendant des heures dans la douche, c'est finalement comme une récompense pour lui d'être douché, tant il aime être sous l'eau. Alors à la place, je passe un gant d'eau tiède, sans le regarder, sans le prendre dans mes bras : c'est difficile, j'ai des habitudes de mère bien ancrées. Chaque geste est une occasion pour lui de solliciter une caresse, un regard, d'être porté ensuite. Je dois stopper ces habitudes et les réserver pour les moments où il se comporte bien. Je ne dois pas l'inciter à recommencer. Dans ma tête, j'entends les réflexions des psychologues outrés : « Alors comme ça, vous devenez une thérapeute, plus une mère ? Chacun à sa place ! Vous tronquez votre relation mère-enfant ! » Je dois lutter pour déposer le poids de ces jugements qui m'empêchent de faire avancer Tristan. Et des thérapeutes, je n'en trouve pas.

Parallèlement, je fais tout pour qu'il lui soit enfin agréable simplement d'entrer dans les toilettes… à l'aide de renforçateurs.

Je supprime les bonbons de son quotidien. Non ils ne serviront plus à calmer ses crises, ce sont désormais des moteurs pour l'encourager à apprendre. Plus il en est privé, plus il les attend, plus ils auront d'effet. Ça s'appelle "la déprivation", c'est de la théorie, je ne l'ai jamais appliquée, on dirait une formule de chimie mais ça peut marcher paraît-il.

16 h est l'heure fréquente de ses accidents pipi. Pour augmenter la probabilité, je lui ai donné à boire avant. J'ai une idée de génie… Je scotche deux petits morceaux de bonbons bien emballés dans un beau papier, sur… euh… oui, la lunette des toilettes. Il me demande des bonbons depuis deux jours, ça doit marcher. C'est prêt. Je l'appelle : « Tristan, viens voir !! J'ai retrouvé tes bonbons !! » Il arrive en courant vers moi, je me tiens devant les toilettes, il a l'air intrigué, il cherche, je lui ouvre vite la porte… oh… ses yeux s'illuminent, il entre dans les toilettes, ça marche ! Le temps de détacher les bonbons bien scotchés, il est resté huit secondes ! Pendant qu'il mange ses bonbons, je le chatouille et attrape son regard en le félicitant « Wahoooo tu es entré dans les toilettes ! » Temps de préparation : deux heures; temps de la séance : quinze secondes. Mais c'est parti.

Dix minutes plus tard, il veut d'autres bonbons. Je dois maintenant obtenir qu'il s'asseye cinq secondes sur les WC aux horaires que j'ai relevés, en associant avec des choses qu'il aime.

Je vais réserver la récompense la plus forte pour le moment où il arrivera à faire dans le pot : il aura un paquet entier de bonbons dans les mains, il ne mangera pas tout, mais cette récompense le marquera. Pour le moment, il a un mini bonbon toutes les cinq secondes assis sur le pot. Il réclame d'autres bonbons, je lui dis : « On va apprendre à faire pipi dans le pot, comme les grands ! Assieds-toi sur les toilettes ! » Je le soulève et le pose assis dessus, je le félicite vite avant qu'il ne se fâche, en lui donnant immédiatement un mini bonbon. Il sourit, il mange le bonbon. Il est calme, il reste assis. « Tu es super, Tristan ! Fais pipi sur le pot ! » Je lui redonne un bonbon pour augmenter le temps passé assis. Environ trente secondes se sont écoulées : il est toujours assis, je suis aux anges, tout fonctionne, il est plus calme que d'habitude, ce programme semble lui convenir. Il ne présente aucun signe précurseur de colère ou d'impatience dans cette situation qu'il aurait haïe il y a encore dix minutes. S'il avait montré le moindre signe de stress j'aurais stoppé la séance en le félicitant avant de finir sur une crise, mais là, il reste assis, alors j'augmente le temps : encore un bonbon et des encouragements. Il sourit toujours. Une minute assis sur le pot!

Je surveille de très près son expression, un front plissé, des sourcils crispés, les coins de la bouche qui commencent à tomber, des mouvements de jambes plus saccadés : je stoppe tout net. On reprendra dans quelques heures. Il sort du pot, deux minutes après il fait dans sa culotte. Je ne dis rien, je passe un gant, je continue la journée normalement.

Trois heures ont passé, normalement il devrait refaire pipi bientôt. Je lui donne à boire de l'eau citronnée, pour augmenter les chances. « Tristan, tu as vu les bonbons ? Regarde, ils sont revenus dans les toilettes !! » Il rit, il revient en trottant, ça a l'air de l'amuser. Il s'assied de lui-même, je le félicite en donnant le mini bonbon. Il est assis sur les toilettes depuis une minute, il semble détendu. Je peux donc commencer à "estomper" la présence du renforçateur primaire, que je remplace déjà par des récompenses plus naturelles et sociales – entre deux bonbons je lui chante une chanson, je le relaxe en grattant sa tête doucement. Au bout de quelques minutes, il commence à s'agiter, je stoppe la séance. J'essaie plus tard dans la soirée, mais il a déjà fait pipi dans sa culotte, ce n'est pas grave, je reprendrai le lendemain.

Si ce travail de précision n'est pas relayé par toutes les personnes qui s'occupent de l'enfant, le traitement est fichu. Qu'un conjoint ou une éducatrice oublie de renforcer ou gronde l'enfant, et il faut tout recommencer. Cela fait partie des fragilités reprochées à l'ABA. Pourtant c'est simplement comme les antibiotiques, si on stoppe avant la fin du traitement, ça ne marche plus.

Nous répétons la séance "toilettes" toutes les trois heures, pendant deux jours. Il faut de la rigueur. Puis enfin… le quatrième jour vers midi, Tristan se fige, il esquisse un sourire… Oh ! j'entends le PIPI DANS LE POT !!

Je crie de joie, il me regarde en souriant, il a compris que je suis fière de lui ! J'exécute ma danse ridicule de pom-pom girl, YES ! Je l'embrasse, je lui dis : « Bravo, voilà ce que tu as gagné en faisant pipi dans le pot ! », je lui donne immédiatement le paquet entier de bonbons que j'avais caché. Il file avec. Il est sidéré, il reste penché sur son paquet.

Le programme durera plusieurs mois, jusqu'à ce qu'il découvre l'aspect fonctionnel de la propreté : ne plus être mouillé, pouvoir voyager, se déplacer sans couches, etc.

Au bout d'une semaine, Tristan n'a plus que trois "accidents" par jour. Je l'amène à une station-service. Oui, c'est surréaliste, mais je ne sais pas où aller pour lui apprendre à "généraliser" au plus vite, c'est-à-dire à refaire ce qu'il a appris ailleurs qu'à la maison. La station-service c'est anonyme en cas de crise publique, et il n'aura pas besoin de s'asseoir à une table. Pour l'instant impossible de l'entraîner dans les restaurants ou les cafés puisqu'il court et s'enfuit. Je vais le pousser à reproduire ce nouvel apprentissage partout où je pourrai, peut-être y arrivera-t-il aussi au CMP sans mon aide ? En tout cas, à la station-service ça marche !

Tristan va à présent presque systématiquement aux toilettes, de lui-même. Je ne m'attendais pas à ça. Je ne pensais pas que ce serait si facile, qu'il serait si réceptif aux approches comportementales.

À ce stade du traitement, je le récompense à chaque fois avec des compliments enthousiastes, en le regardant dans les yeux, mais je ne lui donne le mini bonbon qu'une fois sur deux pour qu'il n'en dépende plus. Si les soignantes ne suivent pas le programme de récompenses, Tristan va progressivement cesser d'aller aux toilettes. Il faut au moins qu'il puisse leur indiquer qu'il souhaite y aller. Sinon ce sera l'échec assuré, l'autonomie est primordiale. Je dois lui faire travailler la demande. Ça fait aussi partie du protocole : on considère qu'à partir de 70 à 99 % de propreté (selon les études), on peut développer la capacité de demander à aller aux toilettes. C'est la dernière étape. Oui mais… Je n'ai pas encore étudié les techniques de développement du langage… Je dois attendre le cours sur le VB (*Verbal Behavior*), le développement du comportement verbal.

Tristan est de retour à l'hôpital de jour. L'étonnante surprise est qu'ils n'ont pas refusé de le renforcer, je m'aperçois en discutant que les infirmières psychiatriques constamment sur le terrain sont plus ouvertes d'esprit : elles me demandent comment j'ai fait et constatent que Tristan est plus souriant, plus calme, et regarde davantage dans les yeux. Elles comprennent l'intérêt de le récompenser car il est allé deux fois aux toilettes, bien sûr, deux fois, c'est peu par rapport à la maison, mais je m'accroche à la bonne volonté des soignantes. Sauf que ça ne se déroule pas aussi bien que prévu : l'information se relaie mal, les compliments se font rares, puis on les oublie. Et Tristan redevient incontinent au CMP, et quand il revient à la maison (même seulement trois heures après) le réflexe d'aller aux toilettes est perturbé. Je suis abattue, et tellement agacée.

D'autant plus que ses "stéréotypies" – les cris et gestes en boucle qui m'assomment, me rendent malade – étaient en train de s'atténuer… Même une infirmière du Dr G. a reconnu qu'il avait fait d'immenses progrès grâce à l'ABA, qu'il était moins agité. C'est l'effet papillon de l'ABA : en entraînant de cette manière un domaine comme l'imitation, le langage etc., on développe parallèlement d'autres compétences, c'est exponentiel.

Puisqu'au CMP, ils ne parviennent pas à suivre rigoureusement le traitement, il ne me reste qu'à compter sur la capacité d'adaptation de Tristan. Je dois continuer le programme jusqu'à ce qu'il ait la bonne idée de généraliser partout la propreté, je ne peux compter que sur nous, c'est aléatoire mais un cours évoquait cette capacité dans certains cas. Je dois retirer, estomper mes aides, mes guidances, et mes renforcements le plus vite possible, sinon il va tout perdre. À moins peut-être de trouver un institut spécialisé où le travail serait mieux relayé, j'ai entendu parler d'un centre de jour, pas loin, qui vient d'ouvrir mais ils ont refusé Tristan il y a trois mois, parce que ses crises étaient ingérables. Maintenant que Tristan s'est calmé, qui sait ? Et si j'arrive à les convaincre des bienfaits du programme, si l'hôpital leur dit qu'il progresse, et si j'arrive à les former, qui sait ?… Allons courage, il ne faut pas flancher, je leur téléphone. Je dois me reposer, je dois élaborer des programmes et étudier en plus des cours, et ce n'est pas en le faisant garder cinq heures par semaine au CMP que je vais me concentrer et que Tristan fera des progrès. Au téléphone, ils sont très chaleureux, alors on se rencontre. Le directeur me fait visiter les locaux, il me montre leur système de communication par images et par signes, le Makaton. Je rencontre les éducatrices et leur psychologue. Cette fois-ci, c'est un modèle d'institut que je ne connaissais pas : des gens ouverts, dynamiques, drôles, ne sacralisant pas avec gravité le drame du handicap. Mon expérience me rappelle que moins ils se prennent au sérieux, plus ils sont sérieux et compétents. En effet, je découvre en discutant avec le personnel éducatif, qu'ils ne rejettent pas l'ABA… Miracle ? Ils appliquent ici des notions de TEACCH, une autre approche comportementale. Je n'hésite pas une seconde, car Tristan a besoin d'une prise en charge très structurée. Or dans cet établissement, chaque espace, réservé à une activité précise, est délimité par des bureaux, des étagères, des paravents, des couleurs. L'activité est aussi très cadrée dans le temps : un *timer* montre le temps s'écouler puis sonne : un temps de travail assis, un temps de jeu au sol, un temps de pause… Des sessions avec images sont prévues pour que les enfants autistes se repèrent dans l'espace et dans le temps, ce qui les rassure énormément. Je n'avais pas appris cela dans mes cours, et je suis comme une enfant devant une vitrine de jouets : je n'avais jamais pensé à cet aspect de l'humain, qui a besoin, et plus encore les autistes, de supports, de repères dans ce chaos d'informations qui les agressent et qu'ils n'arrivent pas à traiter…Voilà de nouveaux outils qui me semblent très efficaces.

À l'issue de la discussion, Tristan va intégrer ce centre et il sera possible ici d'échanger sur nos pratiques, et de créer un lien entre le travail de cette équipe et le mien. Nous allons enfin construire une passerelle entre des soignants et des parents…

Les premiers mots de Tristan

Depuis un mois, j'amène Tristan chez une orthophoniste. La pauvre est totalement dépassée car il se débat pendant les séances. Ce matin, elle a appelé pour avoir mon avis : est-il vraiment utile de continuer à lui faire subir un tel stress ? Le cabinet, la crainte des hôpitaux, des séances qu'il ne comprend absolument pas… ça n'a aucun sens pour lui. Nous décidons ensemble de ne pas continuer ce travail qui n'aboutit à aucun résultat, sauf le braquer encore plus.

Le fameux cours tant attendu de Lille 3 sur le VB a lieu aujourd'hui. J'y apprends que le VB est une évolution de l'ABA : un psychologue américain, Burrhus Frederic Skinner, a étudié pendant plus de vingt ans l'analyse comportementale du langage, puis il a écrit le *Verbal Behavior*, qui a créé une controverse puisqu'il démontre que la verbalisation naît sous les mêmes conditions que tout autre comportement : dans des contingences de renforcement. Les linguistes parlent de l'aspect formel du langage, mais Skinner l'envisage uniquement par rapport à sa fonction, inscrite dans des interactions entre locuteur et auditeur. Par exemple, si l'on ne prête aucune attention aux premiers babillages d'un bébé, si on ne lui donne jamais ce qu'il veut quand il pointe du doigt ou crie, il ne développera pas de comportement verbal. Verbal, pour le VB, cela peut vouloir dire absolument tous les modes d'expression : signer, montrer, crier, se taper la tête pour dire qu'on a mal, écrire, répéter, taper, regarder avec insistance quelque chose… Je ne comprends rien, absolument rien. C'est normal, je suis rouillée, puis j'assimile et lentement je comprends, mais je dois me débrouiller avec des concepts. Je dois transformer d'urgence des pages de théorie en application directe pour que Tristan parle. Je sors des cours, soucieuse, mes notes à la main et prisonnière de ma bulle, j'arrive à la gare de Lille. Je m'installe dans le train, le nez dans les cours.

Deux jours ont passé, je suis toujours aussi démunie. J'attendais beaucoup de ce cours sur le langage, mais je ne peux rien appliquer. Je comprends globalement que nous utilisons le langage parce qu'il a une fonction, celle de nous aider à obtenir des choses, nous trouvons donc utile de verbaliser. Il y a le "mand" (je demande quelque chose, et je l'obtiens) ; le "tact" (je « prends contact », je désigne ce que je vois ou sens ou entends dans mon environnement, on me félicite de cette formulation appropriée) ; l'"échoic" (du mot "écho", je répète un modèle de son, on me félicite) ; l'"intraverbal" (je réponds ou énumère en sélectionnant des mots que je choisis dans mon propre répertoire verbal, sans support ni modèle, on me félicite et on me répond à nouveau). On appelle cela des "opérants verbaux". Je commence par quoi ? J'applique ça comment ? En relisant trois fois ces cours, je saisis enfin une chose qui pourrait m'aider : si ces principes sont vrais, tout s'explique. Je n'avais jamais eu aucun succès avec toutes mes tentatives pour aider Tristan à répéter des mots puisque sans support visuel, et sans récompense, rien ne pouvait fonctionner. C'est le début d'un axe de travail efficace, je vais pouvoir corriger mes erreurs, mais il me faut un programme précis, étape par étape.

Je fouille dans mes cours. J'ai de la chance, Tristan est de plus en plus calme, j'arrive à étudier. Je suis assise quatre heures par jour dans le jardin, et je vois Tristan se transformer : au lieu de crier et d'exiger ma présence, il joue devant moi, sans bruit. Comme s'il sentait que je faisais quelque chose d'important pour lui. Ou bien peut-être ai-je tellement changé ma façon d'agir avec lui, qu'il progresse dans de meilleures contingences. Grâce à ce calme, je me rapproche de la solution, je me souviens des recommandations des professeurs : il faut se cultiver au maximum en plus des cours. Je vais essayer d'aller sur le site de ces études écrites en anglais, publiées dans le *JABA*. Je tape les mots clés dans la fenêtre : "mand, tact, echoic" : oh, magique, en deux clics je vois apparaître au moins vingt articles dans lesquels des chercheurs de différents pays racontent pas à pas comment ils ont pu développer le langage chez un enfant autiste, j'ai tout ce qu'il me faut, étape par étape ! Cela signifie que ces techniques existent dans tous les pays, sauf le nôtre…

Je vais m'y atteler, ça va prendre beaucoup de temps, je vais tout lire, tout résumer, comparer et restituer l'ensemble de ces nouveaux outils dans un programme ajusté au millimètre à Tristan. Je n'arrive pas à croire que j'ai une telle mine d'or sous les yeux, personne ne l'utilise ici, alors que chaque article contient peut-être une clé. Beaucoup d'études disent qu'il faut commencer par travailler et initier le langage en se servant des demandes spontanées de l'enfant, comme pivot pour le motiver à oraliser. Ce sont les entraînements aux mands. Au lieu de se fâcher en criant, on va pousser systématiquement l'enfant à passer par les mots ou un début de syllabe, ou pointer l'objet, pour obtenir ce qu'il veut.

Je suis fatiguée, il fait nuit, j'ai envie de me coucher mais je lis une dernière étude. Elle retient mon attention… Elle correspond aux besoins de Tristan : les thérapeutes y décrivent une approche basée sur une première étape différente, l'acquisition d'un large répertoire "échoic" pour ensuite développer les autres fonctions du langage. En gros, je dois apprendre à Tristan à répéter beaucoup de mots, dans le cadre de sessions structurées : « Tristan, dis bateau, bravo Tristan »… Tous ces mots seront reliés à des choses de son quotidien ; une fois acquis, ils pourront être utilisés à bon escient, Tristan pourra me demander ce qu'il veut, et surtout demander à aller aux toilettes.

Tristan aime tout ce qui est lié au mouvement, je lui ai donc acheté un mini trampoline (80 euros), une balançoire hamac (45 euros)… Aïe, j'ai 600 euros par mois pour survivre, je ne sais pas si on va pouvoir finir le mois avec, en plus, les billets de train à payer pour Lille, mais ça m'est égal ! J'ai fait la liste de ce qu'il aime, je n'appelle pas encore cela des renforçateurs : ce seront des renforçateurs quand j'aurai vérifié qu'une fois donnés après une bonne réponse, ils le poussent à fournir encore d'autres bonnes réponses. Je dois lui offrir la plus puissante récompense dès la première réponse, car c'est nouveau pour lui, et sûrement très difficile de parler.

Je me conditionne pour donner un accent ludique à la session, j'installe dans le jardin le petit trampoline, de l'eau, une couverture sur le sol, mon cahier où je note tout. J'ai fait quelques exercices d'étirements et de traction. Attention, ça va être sportif, je me motive. Je l'appelle : « Viens faire du trampoline avec moi ! » Il arrive, il monte sur le trampoline. Facile jusqu'ici. Je vais commencer par un mot qu'il connaît, uniquement pour lui faire prendre connaissance de la contingence "modèle/réponse/renforcement". Pour le motiver, je tiens ses mains et je le fais sauter haut, il rit très fort. Je stoppe le jeu, il veut recommencer, mais avant je lui donne la consigne :

« Dis maman ! »

Pas de réponse… Bien entendu.

Il me prend les mains, il veut encore sauter, mais je lui redonne la consigne : « Dis mmmaaammmaaan », miracle il répète : « Bareuban ! » et vite je le refais sauter très haut, il éclate de rire, vite je capte son regard et je crie : « Bravo mon grand Tristan, tu sais dire maman !! » Je suis ravie, il parle à ma demande, ça marche, tant pis si c'est déformé, je rectifierai plus tard. Je recommence deux fois, avec succès. Il comprend ce que j'attends de lui, et c'est merveilleux, il apprécie ce travail déguisé en jeu, c'est totalement adapté à lui. Je perçois également en lui cette envie de vouloir apprendre une nouvelle chose, il est fier, cela lui redonne de l'assurance.

Les soignants et son père ont remarqué qu'il semblait plus épanoui. Quand on ne sait pas apprendre correctement à un enfant, il ne peut qu'enchaîner les comportements inadaptés, il ressent probablement notre réprobation, notre fatigue, notre ras le bol. Pendant les cours, on nous a bien dit de ne pas utiliser de ton réprobateur, ou ne serait-ce que légèrement irrité.

Au bout du sixième jour, Tristan a appris à oraliser des mots à ma demande, il répète mais articule mal. Au fil de la journée, pour que l'imitation soit une compétence acquise, je lui fais reproduire des mouvements, afin que l'imitation verbale soit encore plus facile. Mais il est fréquemment agacé parce qu'il ne veut pas interrompre les séances qui l'amusent trop, et je n'ai pas d'armes pour lutter contre sa frustration. J'hésite, je ne sais pas quoi faire, si ces séances se transforment en crises, tout mon programme va tomber à l'eau. Réduire des comportements problématiques, ça ne s'invente pas, je vais devoir attendre le cours sur le sujet. Je me résigne à le mettre au bain, ça va l'apaiser, mais je le fais en sachant parfaitement que je suis en train de renforcer ses crises…

Je ne suis pas satisfaite des résultats. Je connais trop peu de choses sur le VB, il me manque la pratique, le terrain. Je dois trouver une formation ou bien attendre l'année universitaire prochaine, pour suivre des stages. Je ne sais pas du tout comment ni où en France. Mais en attendant, je vais commencer à l'entraîner à parler d'une autre façon, nos séances sont trop répétitives. Je découvre dans les cours et en lisant les recherches très célèbres de l'analyste certifié Mark L. Sundberg, que l'on doit apprendre le langage de manière totalement “naturelle”. Et que les “échoics”, souvent enseignés par les orthophonistes de façon très cadrée et peu renforcée, sont difficiles à intégrer pour un enfant handicapé. Avec le VB, les thérapeutes apprennent à ne pas solliciter le langage sous forme de séances, mais avec spontanéité, comme si ce n'était pas du travail. Pendant que je le fais sauter sur mon dos, Tristan est ravi, il s'amuse beaucoup, mais il ne comprend pas le sens, l'utilité de parler, à part que ça va lui rapporter une récompense. Je n'avais pas pensé à tout ça ! Tristan doit pouvoir comprendre à quoi le langage lui sert, pourquoi il apprend à formuler des mots : il doit expérimenter l'application directe de la parole sur son quotidien, il doit relier son apprentissage de la parole à l'impact positif sur ses désirs et ses besoins.

Nous allons maintenant travailler uniquement sur les mots désignant ce qu'il va aimer obtenir naturellement dans sa journée. J'établis une liste : « Boire, se promener, manger, tétine, chatouilles, trampoline, voiture, faire pipi, gâteau. » Je lis dans un livre américain, *Behavior Speak*, la définition de ce principe : le "renforcement intrinsèque", autrement dit relié directement à la tâche. Tout ce que j'apprends à Tristan devrait avoir un lien logique et fonctionnel avec sa récompense, son "renforcement", sinon ça n'a pas de sens pour lui et l'apprentissage devient "bête". Je découvre les nombreuses strates, les niveaux d'application de l'analyse du comportement, et l'immense quantité de concepts à intégrer. Des concepts simples, évidents même, mais indissociables. Et personne n'a l'idée en France de systématiser cette méthodologie du bon sens.

Maintenant il s'agit pour moi de faire naître des mots chez Tristan de manière accidentelle, au fil de ses envies, sans insister trop, sans pouvoir encore "modeler" ses sons pour qu'ils soient compréhensibles. Je dois jauger au millimètre le niveau d'exigence que je vais lui demander, ce qu'il peut ou non me fournir afin qu'il apprenne à parler sans s'en rendre compte.

J'ai compris qu'il fallait que les mots deviennent une expérimentation pour Tristan. J'ai vu l'échec des aides ou "guidances" telles que pointer la bouche, exagérer les mouvements, pincer les lèvres pour faire "B...". Puis j'ai constaté le potentiel restreint des séances "échoics".

Alors, en l'amenant à me demander une chose, j'en profite pour le motiver à me répéter un son, un mot. J'attends qu'il tire sur ma manche, m'apporte mon sac, pour me signifier qu'il veut sortir mais je ne bouge pas.

Je lui demande : « Dis : on va se promener. » Pas de réponse. Je tiens bon, je ne bouge pas : « Dis "promener". » Je n'ai plus qu'un seul essai… Il me répond : « Pronn… » Je me lève très vite, je le félicite et l'emmène se promener. Il veut un gâteau ? Je ne lui dis plus comme avant : « Non pas tout de suite », je ne lui donne pas non plus le paquet, mais j'exige : « Dis gâ… » Dès qu'il le formule, je le félicite en lui donnant immédiatement le gâteau, ou juste un morceau, puis je recommence. Les goûters sont longs, mais il est ravi. Le langage se débloque. Je ressens une énergie miraculeuse. Je fais très attention à ne pas le solliciter plus de trois fois pour répéter ce mot. Après trois échecs, j'attrape son regard et je lui fais juste montrer le gâteau du doigt, afin qu'il associe la cause et la conséquence : « Si je demande correctement, alors j'obtiens ce que je veux. » S'il demande par les colères et les cris, je change de pièce. S'il m'arrache le gâteau des mains avant de détaler, j'anticipe, le bloque et le redirige pour qu'il demande. Mon but est qu'il comprenne, avec une extrême rigueur dans ma systématisation des causes conséquences, qu'il n'obtiendra ce qu'il veut qu'en demandant par des interactions adaptées.

Je dois réussir à contenir mes réflexes de mère qui consistent soit à exiger trop parce que je sais qu'il peut le faire, soit à céder trop vite à toutes ses envies sans rien exiger de sa part. Je dois aussi doser sa capacité de tolérance aux efforts, et à la frustration.

J'avance à petits pas, à son rythme. Il n'a pas envie de dire gâteau, pourtant il sait le dire, dois-je insister ? Oui, si je n'observe aucun signe d'agacement.

Dix jours ont passé. Maintenant, il est familiarisé avec cette activité. Il se développe très rapidement, et ses cris se réduisent énormément, je suis presque sidérée. Je vois des répercussions sur son humeur. Il sait émettre les demandes de base : pour manger, boire, aller aux toilettes, être dans les bras, se faire masser. Je me mets à sa place, ne pas pouvoir demander ce dont on a besoin tout de suite, et entendre des gens émettre en permanence des tas de sons sans aucun sens, ça doit être simplement insupportable... Finalement à cause de l'absence de langage, il se comportait comme un nouveau-né, les premiers cris peuvent durer des heures pour être porté, ou réclamer à manger, puis ils s'estompent avec le langage. J'en viens à me demander s'il a vraiment eu « des angoisses parce qu'il est autiste » ou si, simplement il n'a pas eu la possibilité de communiquer sur ses envies, ce qu'il l'a mis de très très mauvaise humeur... Il pleurait et se contorsionnait des heures parce qu'il voulait s'exprimer.

Les “mands” sont très importants pour l'apprentissage du langage, Tristan perçoit alors l'impact de ses mots, leur pouvoir sur son environnement social, affectif, matériel. Il dit « porter », sa maman le porte. Il établit son rôle de locuteur plutôt que d'auditeur, il devient acteur dans son environnement, non plus un être passif qui voit s'agiter tout le monde autour de lui sans raison.

Travail d'équipe : mère/soignants

Au début, Tristan ne parlait pas du tout dans ce nouveau centre, car personne ne connaissait les sessions d'entraînement au VB. Or il faut que le langage lui soit enseigné dans différents endroits avec différents objets et des personnes différentes. Si tout le monde lui donne ce qu'il veut sans exiger qu'il demande de manière adaptée, sauf moi, je vais échouer, encore une fois. Je dois prendre mon courage à deux mains et sans vexer personne, amener l'équipe à accepter qu'une partie de mon travail soit appliquée dans cet institut. Je pense que leur orientation TEACCH leur donnera cette ouverture d'esprit. Je rencontre très souvent les membres du personnel, je vais en profiter pour tâter le terrain sur leur susceptibilité.

Un soir, j'arrive pour ramener Tristan, et je commence à évoquer le fait qu'il existe des solutions pour amorcer le langage. Une éducatrice me répond qu'en effet il a aujourd'hui imité au cours d'une visite à la ferme, un son assez désagréable et qu'il s'en sert continuellement pour ponctuer toute circonstance. Je lui demande :

« Ah bon ? Lequel ?

— Eh bien… GROUÎÎÎK ! », me répond-elle en se contenant de rire.

« … GROUÎÎÎK !?! Le cri du cochon ?

— Oui (elle pouffe de rire). Je crois bien. Vous allez voir, j'espère qu'il va changer de son assez vite… »

Au même moment Tristan arrive, entre dans ma voiture et ponctue : « GROUÎÎÎK !! »

On explose de rire !

Le lendemain, Tristan revient en taxi, je lis comme chaque jour la note appliquée de l'éducatrice qui m'écrit dans son carnet de liaison :

Bonjour madame GROUÎÎÎK !!!, aujourd'hui Tristan a dessiné GROUÎÎÎK !! et collé des gommettes. GROUÎÎÎK, nous sommes contents car il a GROUÎÎÎK !! été assez calme pendant toute la GROUÎÎÎK !! séance mais il n'a pas cessé de crier : « GROUÎÎÎK » !!

Bonne journée à vous.

Sandrine GROUÎÎÎK

Il n'en faut pas plus pour me déclencher un fou rire. Il m'est désormais impossible de rencontrer cette équipe sans que la description des situations autistiques ne se finisse par des imitations surréalistes et des éclats de rire. Ce qui me fait énormément de bien !

Je n'ai donc plus peur de les froisser avec mes conseils de gourou, et j'obtiens vite une réunion où nous évoquons la nécessité d'un travail d'équipe, mère/soignants. D'un élan commun, ils me proposent une "information" sur mes techniques d'approche, afin de pouvoir mettre en pratique dans leurs murs le programme que Tristan suit à la maison... et inversement. Ils notent toutes mes stratégies pour lui apprendre à parler, démarrer une comptine et l'inviter à la finir. Ici, tout mon travail est enfin accepté. Ils font attention à bien renforcer Tristan quand il va aux toilettes, et l'amènent aussi à demander quand il veut qu'on l'y conduise. Leurs stratégies TEACCH sont intéressantes, ils lui apprennent à se repérer dans les locaux, à rester assis aux repas et pendant les apprentissages, chose que je ne sais pas encore faire. Nous construisons enfin une passerelle. Et Tristan le ressent, il ne pourra que progresser si le travail est cohérent de la maison à l'institut.

Je me rends compte que je suis axée sur sa compréhension, sa communication, mais je n'ai pas encore d'outils ni de clés pour réussir à cadrer sa mobilité excessive. Ses déplacements restent assez durs à contrôler, et je m'attelle maintenant, comme en institut, à lui apprendre à s'asseoir à la maison. Je profite un matin de son envie d'éclater des bulles de savon. Je prends le tube de savon liquide, près du canapé :

« Tu veux jouer aux bulles ?

Tristan s'approche et demande : « Bu.

— Bu, très bien ! Assieds-toi Tristan ! »

Je le guide pour qu'il se pose sur le canapé, puis immédiatement je souffle pour faire des bulles de savon, il les éclate avec le doigt, et je le félicite.

« Bravo !! Tu es assis comme un grand !! »

Il a réussi à rester assis six secondes, je lui ai dit de se lever juste avant qu'il ne le fasse tout seul, je le note, avec l'heure et les renforçateurs utilisés.

Je travaille des semaines, petit à petit, en rallongeant le temps.

À l'approche de l'été, Tristan a généralisé ses apprentissages dans l'institut et à la maison, à l'exception du langage qui demeure discret hors de la maison. Il reste désormais vingt-cinq minutes, dans les deux lieux, assis et concentré sur une activité. Il regarde des clips, il a de nouveaux centres d'intérêt qu'il ne pouvait avoir en sautillant sans arrêt. Son humeur est extrêmement variable, mais notre vie n'a plus rien à voir avec celle d'avant. J'ai enfin la possibilité de le faire participer à des repas, il est même très sage par moments. J'ai pu l'inscrire dans un club hippique où la monitrice accepte – au risque de perdre sa licence – qu'il monte sans casque. C'est encore trop dur pour lui de supporter cette pression sur sa tête. Je monte avec lui sur le cheval, sans selle, il tient les crins et moi les rênes : il est si heureux sur l'animal, il sourit pendant les trente-cinq minutes de séance. Au bout de cinq séances, il monte seul, il n'a plus peur, je tiens le cheval à la longe et nous nous baladons dans les petits chemins. Il explose de joie, caresse le cheval et regarde de sa hauteur les paysages. Parfois je lance le cheval au petit trot, Tristan s'accroche vingt secondes avant de crier dans un éclat de rire : « Arrête !! »

En institut, les bilans précisent qu'il articule un peu mieux les mots, finit certaines phrases et demande : « Manger, boire, pain. » Mais il continue le plus souvent de les déformer au point que seules les éducatrices très habituées le comprennent. Je lis dans le rapport qu'il « emploie d'autres séries de syllabes » : "saucisses" devient "totali" ; "pâtes" devient "péléla".

Du chant au langage

Tristan a énormément progressé, mais si nous ne sommes qu'une infime minorité à le comprendre, ça n'a aucune utilité… Pendant les sessions il est plus concentré et guidé, donc il rajoute moins de syllabes inventées, mais dès qu'il parle spontanément, même s'il parle souvent, il continue d'ajouter des syllabes pleines de L au sein d'un même mot. C'est très mignon, mais pas sociabilisant du tout. « Tristeuleulan, sicoloyat » (Tristan, chocolat), « ti l'aiye » (je t'aime), « poutaillon » (pantalon). C'est dommage car je comprends qu'il essaie d'employer de nouveaux mots. Et comme je ne les comprends pas, il laisse tomber au lieu d'être content d'être compris. Et à l'inverse, quand je le comprends… ça l'incite à continuer, à ne pas se corriger pour être compris. Quand il entre chez les gens et qu'il crie : « Tateau ! Lalout ! » (gâteau, yaourt), on le fait répéter et il s'énerve, il n'obtient pas ce qu'il veut et ces visages idiots penchés sur lui sans réaction le font écumer.

Aujourd'hui j'essaie de lui faire travailler des mots par groupes de deux ou trois. Je fais tout pour qu'il articule mieux, mais je sens qu'il se lasse. J'insiste un peu, il commence à s'échapper, il apprécie les renforcements, mais pas ce type de travail.

Je dois trouver la fonction de ces déformations. J'ai moi aussi appris et changé avec ce travail : je crois aujourd'hui sans limites aux capacités de progrès de Tristan.

C'est en réfléchissant à une solution que je relève cette phrase dans le bilan du nouvel institut, une remarque qui pourrait s'avérer une clé importante pour que j'arrive à corriger son problème de réappropriation du langage : « Lors des comptines mimées et des petits chants, il se montre très attentif. Il peut mémoriser et restituer quelques mots non déformés en tenant compte de la mélodie. »

Cette phrase crée un déclic. Pourquoi n'y ai-je pas pensé avant ? Les chanteurs lyriques peuvent retenir des textes de trois heures en croate avec facilité. Pourquoi ? Parce que le support musical les aide. Comme en maternelle, on apprend l'alphabet en chantant pour le retenir.

Je dois absolument vérifier par un test, si la mélodie peut porter et remodeler ses mots. Je lui propose de répéter un modèle parlé : « Aller aux toilettes. » Il ne répète qu'un charabia : « Valililé lo tolalites. » Je ne réagis pas, et lui propose un second modèle, cette même phrase cette fois-ci chantée avec une mélodie structurée, en forme d'escalier, quelque chose qui monte par paliers. Il reprend le chant, s'appuie dessus et articule : « Alli laux tolettes. » C'est incroyable, il a presque bien prononcé ! Je le soulève de terre et je danse avec lui !

Je décide d'aborder cette stratégie de manière méthodique. Je ne laisserai rien au hasard, je suis sur une piste importante. Je connais bien la technique lyrique, et j'ai des outils comportementaux pour appliquer ce qui est ma spécialité : la voix. Je dois créer une approche qui le guide pas à pas. Au bout d'une semaine d'observation et de notes, je remarque qu'il est aux prises avec des barrières qui freinent son langage, je pose alors trois hypothèses.

Son empan mnésique (sa capacité de mémoriser à court terme une certaine quantité d'éléments) n'enregistre peut-être pas la somme des caractéristiques variées propres à un mot ou plusieurs : nombre exact de syllabes, intonation, voyelles et consonnes. Il aurait donc besoin d'un support sensoriel autre qu'auditif, un support qui fixe visuellement ou sensitivement le nombre de syllabes, une sorte de moyen mnémotechnique. Je dois en conséquence rendre le son que je lui propose de répéter plus "tangible" afin de lui donner un cadre, une forme. Plus les notes seront contrastées, plus la mélodie sera lisible, claire, et plus le son prendra "forme" comparé à une phrase parlée, monocorde. Je décide d'amplifier la forme mélodique et le rythme, deux éléments sensoriels qui permettent de distinguer des sons les uns des autres.

La deuxième hypothèse serait son besoin constant de s'autostimuler : à Lille 3 le cours sur la réduction des comportements problématiques m'a aidée à comprendre ce qui poussait Tristan à avoir des actes incontrôlables. Leur fonction est entre autres liée, chez lui comme chez beaucoup de personnes autistes, à un besoin de se stimuler à un niveau sensoriel : l'ouïe, le toucher, la vue, le larynx… avec des mouvements, des activités ou des babillages répétitifs. Ces réflexes initiés spontanément lui apportent un réconfort, une détente, ou des sensations agréables. Ce sont, en plus amplifiées, les réactions que nous avons lorsque nous sommes stressés ou concentrés : on ne se rend pas compte qu'on remue machinalement le pied ou que l'on tourne une bague sur un doigt. De même lorsqu'un enfant s'amuse à éclater des emballages bulle, ou arrache irrépressiblement des petits lambeaux de papier peint. Concernant les mots répétitifs, chez les personnes autistes, on parle de *scripting* : Tristan répète des phrases entières ou des morceaux de mots qu'il a entendus. Il n'a pas ou peu développé de loisirs autres que ces stimulations, de plus il est souvent confronté à des situations imprévues ou contraignantes et ne peut exprimer par des mots ses contrariétés ou son stress. Ennui et contrariété, autant de sources propres à développer des autostimulations. Par contre lorsqu'il joue ou pratique des loisirs qu'il aime, Tristan stoppe totalement ses babillages, qui reprennent toutefois quand il s'amuse énormément. Il invente alors de nouveaux sons, sûrement un mode d'expression pour canaliser ou apaiser une sensation trop puissante, aussi positive et agréable soit-elle. Je dois donc trouver le moyen de l'occuper le plus possible, tout en lui apprenant à s'occuper seul et à exprimer ses émotions fortes.

Enfin, je remarque que Tristan a forcément des habitudes inadaptées avec l'articulation et le souffle. Les muscles de son larynx, de sa langue et de tout son appareil phonique n'ont été formatés et entraînés que par des cris, des hurlements libres, jamais cadrés dans un rythme ou une limite de syllabes, ni aucune intonation.

Lorsqu'on est chanteur lyrique, on doit entraîner sa voix avec une extrême précision, comme un sportif, puisque l'on chante souvent pour quatre cents à mille personnes dans une salle, avec un orchestre, des chœurs et sans micro. Chaque respiration, chaque articulation est millimétrée. Je dois profiter de cette expérience pour la lui transmettre dans un programme appuyé sur des outils vocaux et comportementaux. Je me fixe le but de lui apprendre les rudiments du souffle, de la prise d'air, et du placement de la voix dans le larynx, et son articulation entre le palais et la langue.

J'élabore des grilles d'exercices permettant de mesurer ses sons, la durée de son souffle, son empan mnésique, etc. pour savoir si ça fonctionne, s'il progresse avec cette technique. Je suis tellement emballée par ce projet qu'en quelques jours je crée un programme de six pages avec des grilles de cotations. J'ignore pour l'instant que je l'appellerai l'ACRAP

(Analyse du comportement et rééducation de l'appareil phonique), et qu'il va bien plus tard me permettre d'aider des enfants et adultes handicapés, de rééduquer leur oralisation, leur regard, leur gestuelle, le ton de leur voix...

Je commence à tester son effet sur Tristan : tous ses mots sont maintenant articulés, il fait des phrases, en chantant, mais tout le monde comprend. Je réalise que je pourrais améliorer et partager cette stratégie auprès de toutes les personnes ayant des difficultés pour parler... Les carences de l'appareil phonique d'un chanteur débutant en art lyrique voulant accéder au niveau professionnel, sont les mêmes que celles d'une personne peu ou non verbale voulant accéder au langage. Je m'aperçois qu'on retrouve, dans les deux cas, un son guttural, une articulation difficile et l'absence d'interaction (regard, élan) avec l'auditeur, liés à ces barrières communes. Un chanteur débutant, comme une personne autiste, par manque d'entraînement, par retenue, ou par handicap, aura une absence problématique de projection du son et de l'intention vers l'auditeur. Il ne s'adressera pas à un auditoire ou un auditeur, ni par son regard, sa voix, son souffle, son expression corporelle. L'un comme l'autre aura des carences musculaires qui empêcheront le premier de chanter du Wagner plus de quatre secondes, et l'autre d'émettre plus d'une syllabe parfaitement prononcée. Je remarque, des deux côtés, des respirations bloquées provoquant une faiblesse dans le maintien d'une phrase, et du stress. J'ai aussi remarqué des points communs concernant la mémoire, pendant ces années où j'ai donné des cours de chant, je voyais que les chanteurs avaient du mal à faire travailler leur mémoire tant qu'ils ne maîtrisaient pas leur technique.

Je suis tellement pressée d'aboutir à un moyen de faire parler Tristan, que j'oublie totalement de penser à moi. Ma vie monastique n'est consacrée qu'à cela, au détriment de ma santé. Je sens bien mes épaules se raidir, les battements de mon cœur irréguliers me réveillent maintenant même la nuit en sursaut (mon cœur se stoppe puis reprend à toute vitesse). J'ai la tête qui tourne au moindre effort, j'ai le teint gris. Cependant Tristan me permet de rester assise maintenant. Je tiens bon… Quelques semaines seulement… Jusqu'à ce que ces symptômes m'invalident complètement… J'ai un besoin vital de repos, le stress et l'épuisement m'ont rattrapée. Pour le cardiologue, la situation devient dangereuse.

Le sevrage des neuroleptiques

Le médecin m'a dit que je ne pouvais plus prendre de risques au niveau cardiaque, et que j'avais interdiction de soulever plus de deux kilos : si je ne fais pas une pause complète, mes épaules devront être opérées à cause d'une usure due à l'épuisement, je n'ai pas compris de quoi il s'agissait mais c'est grave apparemment. Je rêve d'une pause, bien sûr, mais je trouve ça ridicule de me dire : « Madame, stoppez tout, reposez-vous ! » Je suis obligée de continuer, je n'ai pas le choix, comment veut-il que je fasse une pause ? Mais au-delà de ma santé, plus que tout j'aimerais sortir de ce labyrinthe, respirer, vivre une vie de femme et pas de mère uniquement. Je dois trouver une solution.

Le père de Tristan vit à Paris, et je vais le lui laisser quelque temps. Je ne m'y sens pas autorisée tant je suis habituée à tout endosser, j'ai la sensation que je conduis son père vers la même mort, mais il prend Tristan un mois avec lui. J'ai le vertige devant un espoir de respiration aussi long.

Je m'installe chez une amie, je suis au paradis, ce n'est pas réel, je ne suis pas habituée à cette liberté, et à cette chaleur humaine.

Je suis enfin revenue à Paris, tous mes souvenirs sont là, j'ai du temps libre, je suis heureuse, je revois des amis qui ne savent même plus ce que je devenais. Je marche dans la rue… C'est ce dont je rêvais : marcher, regarder les gens, les vitrines, boire un café, m'arrêter si j'en ai envie. Je voudrais dire aux gens de ne pas faire cette tête d'enterrement, eux, ils peuvent se promener librement, moi je ne peux pas. Depuis des années, je regardais vivre l'humanité à travers la télé, comme un prisonnier, en espérant qu'un jour je pourrai aussi m'asseoir à une terrasse de café.

Mais je n'oublie pas Tristan. J'en profite pour visiter un des premiers instituts ABA à Paris, ouvert après la création par le Dr Vinca Rivière de l'institut pionnier de Villeneuve d'Asq. J'y rencontre le directeur, un professionnel du *Verbal Behavior* qui m'ouvre les yeux sur tout ce que je n'ai pas appris en restant enfermée. Tristan ne peut pas progresser linéairement dans ce huis clos, même avec son Institut médico-éducatif un peu formé au TEACCH : traiter un trouble aussi sévère relève d'une pratique bien plus performante. Ce professionnel, touché par ma situation, me propose de m'aider et de superviser mon travail, gratuitement. Mais il faut d'abord sevrer Tristan de ses médicaments sinon il ne pourra pas récupérer.

Mon ex-mari réussit à obtenir un rendez-vous avec des pédo-psychiatres modernes, accessibles et formés aux approches comportementales à l'hôpital Robert Debré. Dès que Tristan entre dans le cabinet, les quatre professionnels s'indignent : « Mais il bave ! Il a le regard vide !! Il est surdosé en neuroleptiques on n'a jamais vu ça ! Ce sont des inhibiteurs de pensée : il a besoin exactement de l'inverse pour continuer ses apprentissages. C'est normal qu'il stagne malgré l'ABA. » Ils regardent l'ordonnance, prennent le nom du psychiatre qui a prescrit une camisole chimique inadaptée et dange-reuse : « On a déjà entendu parler de lui, ce psychiatre a déjà prescrit des cocktails pareils. Il faut sevrer Tristan tout de suite, c'est une urgence. » Je leur raconte son internement, et ses crises d'angoisse qui ont poussé le nouveau pédopsychiatre à le soulager avec les seuls moyens qu'il connaissait… Je leur explique que depuis ce traitement, il ne peut plus dessiner ni lire, et qu'il est passé de gaucher à droitier. On m'annonce qu'il souffrira de crises de manque et que ses insomnies et ses angoisses seront terribles le temps du sevrage. Compte tenu de la dose énorme imprégnée par son organisme, il faut compter six mois.

Je suis assommée. Je voyais le bout du tunnel, mais voilà encore l'Everest à escalader. Ils essaient de me remotiver, Tristan est arrivé à un niveau de compréhension du monde et de communication qui permet de contrôler certaines crises. Il a progressé dans ses perceptions, j'espère qu'il aura assez de conscience pour ne pas sombrer, pour se contrôler.

Pendant que Tristan est chez son père, je réalise que ce dernier vit un enfer – de plus, il connaît des difficultés professionnelles et financières –et tente de se relayer avec sa sœur. Tristan hurle en permanence, enchaîne les catastrophes dans l'appartement, les voisins ont porté plainte en pensant que l'enfant était mal traité tellement il hurlait… sans venir demander, sans poser des questions. Le papa me dit : « Je ne sais pas comment tu fais pour tenir, on ne sait pas ce qu'il veut, pourquoi il crise, et ça nous déclenche des angoisses inouïes, on prend l'air à tour de rôle tellement c'est insoutenable. »

Ce qui me paraissait des progrès était pour eux un calvaire, ils ne l'ont pas vu quotidiennement avant. C'était mille fois pire. Je comprends mieux pourquoi Georges reste proche par téléphone mais ne peut pas physiquement le gérer sans pratique spécialisée, je comprends mieux l'indignation des gens contre moi : je supporte réellement l'insoutenable.

C'est un dur réveil, je dois l'utiliser pour trouver le bon chemin : multiplier les expériences et les formations, revenir trouver du soutien à Paris.

Un mois plus tard le séjour est terminé. Je reprends le train vers la province, je rentre la mort dans l'âme, comme une condamnée, je vais peut-être passer les six mois les plus atroces de ma vie après cette parenthèse magique. Tristan, qui n'était plus dans des contingences comportementales depuis un mois, est redevenu très agité et crie sans cesse alors que le sevrage n'est même pas commencé. Les contrôleurs du train font tout pour m'aider, ils compatissent, me demandent à leur tour : « Mais comment faites-vous ? » Tristan court d'un wagon à l'autre et saute sur les gens, il éclate de rire et vole leurs sandwiches. Je dois gérer la colère des passagers et la frénésie de mon électron libre. J'ai peur. Pour la première fois depuis des mois, je retrouve cet effroi, comme si un fou m'avait kidnappée, je me pose les mêmes questions sans arrêt : « Vais-je survivre ? Quel degré de calvaire va-t-il m'imposer ? Est-ce que je pourrai m'échapper ? » C'est pire qu'avant. Mes traumatismes et mes souvenirs des heures sous la torture reviennent d'un coup, j'avais tout refoulé… Ce break, je n'aurais pas dû le faire, je n'arrive pas à retourner dans cette petite boîte noire et glaciale.

La pratique professionnelle

Prise de conscience des manques éducatifs

Fin du sevrage, diplôme et pratique

Je viens de passer huit mois en enfer, je viens de combattre l'état de manque de Tristan en sevrage des neuroleptiques et, pire, ses insomnies. J'ai revécu les hurlements, j'ai survécu aux objets qui volent dans la pièce, aux lits renversés. J'ai passé parfois dix-huit heures sur vingt-quatre dans les cris et le combat permanent. Dans ce chaos, j'ai beaucoup appris ; par nécessité vitale, j'ai dû me spécialiser dans la réduction des comportements problématiques, la gestion des crises avec violences. J'ai vu défiler absolument tous les pires comportements et il a fallu trouver une solution pour chacun d'entre eux : un stage accéléré grâce à Tristan… Parallèlement j'ai passé les examens universitaires, je regarde fixement mon papier : « Analyse du comportement appliquée au troubles du développement et du comportement », 19/20 accordé par un jury assez strict. Je ne réalise pas. J'ai réussi ! J'ai tellement lu en plus des cours, que je pense avoir développé une addiction pour ces sources intarissables de solutions et de stratégies, et le lendemain j'applique ce que j'ai découvert et Tristan redevient progressivement lui-même. Sans ces études publiées dans le *JABA* et ces ouvrages encore peu traduits en France en 2010, je n'aurais pas survécu. Quand on est âgé, une aide à domicile est octroyée, on a des cures thermales remboursées... Mais quand on supporte durant huit mois les crises de manque d'un enfant autiste hyperactif, on est seule. Rien n'est prévu médicalement, socialement, alors il faut s'armer. Et personne ne peut improviser des programmes structurés, j'ai la chance d'avoir presque accidentellement accédé à ces connaissances, mais qu'aurait fait un autre parent ignorant ? Comme dans les faits divers, il aurait tué son enfant et se serait suicidé après ?...Un jour, avant de découvrir les approches comportementales, j'ai failli frapper violemment Tristan à force de subir ses attaques, il était contre un mur et pour éviter de viser sa tête, j'ai dévié ma main qui s'est fracassée sur les pierres au dernier moment. On peut perdre pied, et j'espère dans ce livre apporter quelques espoirs et conseils aux parents.

En appliquant certains principes, je vois Tristan (maintenant âgé de neuf ans) s'apaiser, et moi je reprends mon autorité, ma place de mère sans contrainte, sans camisole, avec douceur. Et ce combat me donne envie de me former encore plus, de former les autres, de crier : « Hé, j'ai trouvé de l'or, venez voir ! » mais je suis candide peut-être... En province où j'habite, les circuits comportementaux sont vides, méconnus, les gens ne bougent pas encore. Je commence à travailler dans une association ABA du département voisin, mais pour faire quelques heures de sessions, je suis obligée de rouler quatre heures aller-retour. Je remarque vite les progrès des enfants en peu de séances, mais la distance me pèse financièrement, physiquement… J'ai un moral solide et un corps exténué qui ne sont plus en phase.

J'entrevois l'aide que je pourrais apporter à d'autres enfants en pratiquant et, en retour, celle que je pourrais désormais apporter à Tristan si je rencontre ces enfants et enrichis mes approches avec d'autres professionnels comportementaux expérimentés. Je veux aussi développer mon programme de chant et langage. Derrière cet élan, j'ai toujours mon rêve, j'aimerais revivre à Paris. Retrouver ma vie sociale, juste une existence, car je n'en n'ai plus. Je suis saisie par un tel désir de liberté… Je prends des contacts professionnels à Paris sans savoir comment je ferai pour aller y travailler. Tous les réseaux de psychologues comportementalistes sont intéressés par ma formation. Je reçois au même moment l'appel d'un internat situé près de chez moi, qui a des places disponibles pour accueillir mon enfant. On m'en a dit du bien, le cadre est exceptionnel, ils ont seulement cinq enfants autistes pour un bâtiment familial immense avec du terrain et un centre équestre. Je leur explique les progrès de Tristan, et leur demande de bien vouloir suivre quelques heures de formation. Ils acceptent et nous nous rencontrons. Bien sûr, au cours de mon exposé, j'entraperçois, mal dissimulés, ces ricanements, ces regards offusqués, ces questions agressives et ces clichés sur l'ABA. Mais je ne me décourage pas, je leur propose de travailler avec eux, de m'autoriser un regard de "collègue" sur ce qu'ils font : ils acceptent, je ne sais pas pourquoi. Parce qu'ils ont entendu parler de la métamorphose de Tristan peut-être ? J'hésite, je culpabilise de laisser Tristan là-bas quatre jours par semaine. Je viens de réduire une grande partie de ses comportements problématiques, il ne court plus, crie moins, ne se lève plus la nuit. Ils risquent de ne pas l'aider à maintenir ses acquis. Mais ce ne sera que pour un temps, le lieu est magnifique et lui convient, dès que j'aurai fait ma place à Paris je l'emmènerai avec moi.

Un mois plus tard, tout est organisé pour Paris, j'ai été acceptée à tous les entretiens d'embauche, je n'ai qu'à choisir le système le plus souple qui me permettra de revenir en province pour Tristan, toutes les semaines, du vendredi au lundi. Pour l'instant je ne peux pas l'accueillir dans ma chambre de bonne parisienne de 12 m^2 prêtée par une amie d'enfance. Je n'ai aucun autre moyen de nous loger ni de le faire garder quand je travaillerai. Je suis partagée entre les larmes et la jubilation. Je dois me réapproprier mon corps. « Ce n'est pas ta faute, Tristan, mais je voudrais que mes yeux ne soient plus là uniquement que pour te surveiller, que mes bras n'aient plus comme seule fonction de t'empêcher de tomber, mes jambes de te rattraper quand tu files, mon cerveau de déjouer tes labyrinthes, mes mains de lacer tes chaussures. » Quel rêve, retrouver le calme nocturne des rues pavées de Mouffetard doucement éclairées. J'ai besoin de descendre une impasse vide, de longer le canal Saint-Martin, et de tomber sur un bar bobo rempli de monde. J'ai envie de chercher les visages sculptés sur les façades d'immeubles de la Butte aux Cailles, de respirer les épices Phö du quartier chinois. Je n'ai pas de désir plus fort que d'aller simplement, sans poids, reprendre mon souffle dans une de ces ruelles où j'ai vécu tellement libre il y a longtemps.

Passerelles entre thérapies traditionnelles et comportementales

Pour mon premier poste à Paris, je suis référente psycho-éducative auprès de plusieurs enfants : je fais le lien entre l'école, les instituts, la supervision comportementale et les accompagnants. Dans le cadre de ce travail, j'ai la chance de découvrir les "coulisses" de chaque partie. Parfois les uns se font la guerre, parfois ils arrivent à trouver la paix, et même à obtenir d'excellents échanges. C'est le cas pour un garçon autiste et trisomique sévère, Emmanuel, qui a des suivis en ABA et parallèlement dans le secteur public, en SESSAD[1]. Dans l'association ABA, je vois ce petit garçon de neuf ans sévèrement handicapé capable d'être appliqué à sa table de travail. Mais la maman m'explique que ses comportements à problèmes persistent à la maison et dans son SESSAD après des années d'ABA et de thérapies traditionnelles,

1- Service d'éducation spéciale et de soins à domicile.

d'orthophonie, etc. Il est souvent dans l'opposition, ne parle pas, me dit-elle, épuisée. Pendant que nous discutons, Emmanuel agite continuellement un objet au niveau de ses yeux en vocalisant de manière continue, assez fort. Il fait des crises intenses si on lui prend. Je pense à Tristan, j'y crois, Emmanuel aussi peut progresser, bien que les superviseurs me disent qu'il ne parlera jamais, qu'aucun son n'est jamais sorti de sa bouche, et qu'il est vraiment difficile pour lui de s'adapter. Mon expérience de mère a connu cent fois plus effrayant qu'un babillage et de l'opposition. Je décide de laisser tomber pour une fois le travail à table, et de m'occuper uniquement de ce qui intéresse ses proches : les interactions et l'adaptation d'Emmanuel au cœur de sa famille. Je découvre, en faisant connaissance avec lui, une grande sensibilité. Il n'est pas enfermé dans sa bulle, il recherche les échanges par des regards et des sourires mais ça ne se voit pas de prime abord, puisqu'il fuit le contact. Il faut prendre son temps, savoir se présenter sans parler fort, le regarder en souriant, de très près car il voit mal. D'autres enfants détesteraient cela. Mais il faut s'adapter. Soudain je capte son regard, et il me sourit, d'un coup. On reste longtemps à se parler avec les yeux, sans travailler beaucoup. Le lendemain je reviens, je suis accueillie par le même sourire, il se souvient de moi. Je ressens une motivation intense, je sais que je peux avancer avec lui. Il s'approche de moi, il a du mal à se tenir, il est bancal, il me tend laborieusement son visage, presse son nez contre le mien, me regarde en louchant, doucement, silencieusement, et sourit. Je commence à instaurer avec lui une relation de complicité très forte. Au point qu'il ne s'oppose plus à mes consignes, apprécie le travail de répétition des mots – grâce au VB –, je l'emmène visiter des parcs, des aquariums avec d'autres collègues. Emmanuel joue avec moi maintenant, dès qu'il me voit il m'attrape la figure et m'embrasse. Au bout de quelques mois, sa mère me dit qu'il progresse, participe aux réunions de famille, joue seul au lieu de balancer des objets, et sort parfois quelques mots dans des situations très adaptées.

Voyant ses progrès, son institut me demande conseil pour résoudre les comportements d'opposition sévères qui empêchent Emmanuel de suivre leurs thérapies pluridisciplinaires : orthophonie, équithérapie, psychomotricité, soins d'hygiène. Le personnel soignant est ouvert aux stratégies que je mets en place. Je leur explique que les approches sont différentes dans les autres pays. En France on doit garder beaucoup de distance physique et affective avec l'enfant. Ailleurs, et donc dans le comportemental aussi, ces principes de réserve ne sont pas obligatoires. On est simple et naturel, on est proche de l'enfant. On ne remplace pas le parent dans l'affection, mais on est tactile et complice. Je demande à l'équipe de commencer par regarder beaucoup Emmanuel dans les yeux en souriant durant tous les temps d'interactions. Puis de susciter chez lui l'envie de leur demander des choses : par exemple, « faites une ronde avec lui, en chantant, il adore ces moments. Puis arrêtez d'un coup. S'il tire sur votre manche, redirigez ce geste vers un signe compréhensible ou un son, et reprenez la danse une fois qu'il l'a correctement demandé, puis recommencez avec tout ce qu'il aime ». C'est un travail qui est long. Mais plus on développe les demandes, plus on amène l'enfant vers notre monde. Et le reste du travail coulera de source. Sur une séance de deux heures, il vaut mieux interagir une heure et demie et travailler trente minutes, que l'inverse : en conséquence l'enfant aura appris à sortir de sa bulle et développera spontanément de nouvelles compétences, par curiosité, par intérêt pour son environnement. Dans ce centre, j'observe les situations d'échec que les professionnels souhaitent corriger, puis je propose des étapes précises d'intervention. Les plans de travail sont aussi détaillés et "mathématiques", tout en impliquant une relation humaine spontanée et investie. Si Emmanuel s'oppose, c'est parce qu'il cherche à éviter des activités ou situations qui lui sont étrangères tant qu'on n'y a pas donné un sens plus "relationnel". La thérapie classique ou la stratégie comportementale pure n'ont pas d'effet sur lui sans interactions fortes. C'est un aspect qui n'est pas si souvent respecté par les comportementalistes, alors qu'il fait partie de l'ABA. Le Verbal Behavior bien pratiqué aura comme but d'insérer en priorité toute une dimension sociabilisante. En quelques séances de supervision "sur le terrain", l'équipe du SESSAD, très cohérente, a su allier ces deux aspects quasi opposés : un timing d'actions précises et des interactions individualisées. Emmanuel accepte maintenant les activités du SESSAD avec ses encadrants : brossage des dents, coopération en psychomotricité. Les éducateurs reproduisent parfaitement les programmes qu'ils ont notés et filmés, et se les transmettent entre professionnels. Ils ont su adopter cette manière de "renforcer socialement" en variant les tons de voix, les mots, en insistant sur le regard, en complimentant le comportement adapté, tout cela avec enthousiasme et simultanément – la difficulté est là. Nous avons prouvé ensemble que les deux domaines s'accordaient parfaitement si les volontés s'en donnaient les moyens.

Découverte de l'ABA "parisien" : de l'intervention professionnelle à l'application avec Tristan

Je me rends compte combien Tristan est avancé dans la communication, mais ses troubles de l'opposition restent sévères. Par rapport aux autres enfants que j'accompagne, il est bien plus difficile de trouver comment le canaliser. Je réalise, en rentrant chaque week end, que j'ai mis en place avec lui tout ce qui existe au niveau des interactions : il écoute et regarde attentivement, il demande ce qu'il souhaite, il est assez autonome. Mais il y a des lacunes dans mes programmes, je ne maîtrise pas bien le "recadrage" qu'appliquent parfaitement certaines associations ABA. Ces associations rendent d'immenses services, elles croulent sous les demandes de prises en charge, et doivent former très vite beaucoup d'intervenants, elles n'ont pas le choix. Le travail est tellement dur que ces intervenants partent parfois au bout de deux mois. Pour obtenir des résultats et une possible intégration scolaire, leurs superviseurs se concentrent sur la discipline, le but étant de parvenir à faire asseoir longtemps les enfants à un bureau, à maintenir leur attention sur des tâches en situation scolaire. J'observe avec surprise qu'ils tiennent parfois deux ou trois heures de suite. Par moments ils hurlent, craquent, se roulent par terre, mais l'éducateur les remet sur la chaise, calmement, indéfiniment. Je n'ai pas appris à faire ça, je trouve la pratique très dure et j'en viens même à comprendre ceux qui la critiquent, pour l'enfant ça n'a aucun sens. Assez déroutée, j'en parle à des superviseurs étrangers, certifiés en Analyse du comportement, ils me révèlent qu'ils ont entendu parler de ce que l'on surnomme partout l'ABA "parisien". Apparemment, Paris est réputé pour compter quelques comportementalistes mal formés et qui maîtrisent très globalement les cinq ou six grands concepts de base en behaviorisme, alors qu'il y en a des centaines indissociables. Ils les appliquent sans jamais les ajuster vraiment à chacun, en ignorant les milliers de nuances subtiles qui humanisent ces protocoles et, accessoirement, les rendent efficaces à long terme, dans le respect des motivations de la personne. Ils forment des intervenants en quelques semaines, parfois quelques jours, et créent une méthode diluée, à peine comprise la plupart du temps. Une petite routine mécanique, avec des objectifs vastes qui couvrent beaucoup de compétences : reproduire des formes ou faire des algorithmes, rester assis des heures, se tenir droit, faire des puzzles, découper aux ciseaux, imiter, désigner... Mais sans mélanger, tout est appris par catégorie, alors que dans le *Verbal Behavior* on reproduit la vie réelle, on mixe par exemple l'imitation, le langage, la désignation d'objets en un seul travail... L'ABA mal pratiqué oublie ainsi totalement le véritable effet désiré : réhabiliter la personne dans son environnement social. Et oubliant le problème récurrent de l'autisme : la communication, les interactions, le langage... Je ressors de mes premiers jours d'immersion dans ce travail, plutôt dubitative. Je comprends que le peu de moyens donnés à ce traitement, l'excès de demandes et l'absence de formation approfondie obligent certaines associations à se créer "sur le tas", il m'apparaît de plus en plus qu'à Paris je ne trouverai pas de prises en charge aussi subtiles et complètes qu'à l'étranger.

Après le premier choc, je réalise cependant que ces associations apportent beaucoup, qu'elles font progresser les enfants, qu'elles aident les familles. Et je dois reconnaître que j'apprends aussi des choses avec ces intervenants, même si ce n'est pas vraiment ce que j'attendais de l'ABA. Je pense devoir suivre certaines de leurs "méthodes" pour Tristan. Il manque de structuration dans l'espace et le temps, dans son entraînement cognitif et dans son quotidien. Sans aller jusqu'à le garder des heures assis à une table, il faut que j'arrive à mettre cette pratique en place pour Tristan, mais en plus ajustée. Heureusement personne, parmi les collègues, ne me fait de réflexions quand j'ajuste à ma manière, et les parents sont enthousiastes devant les progrès. Mon diplôme me “couvre”, ils voient que je sais où je vais. Les accompagnants ont déjà fait la moitié de la rééducation. Chaque fois que je mets à table des enfants déjà très habitués à l'être depuis des années avec des intervenants, je n'ai qu'à améliorer leur plaisir par quelques touches : leur faire choisir les activités, ne pas attendre qu'ils craquent mais les divertir, stimuler mille fois plus les interactions et les regards et, surtout, leur donner immédiatement, dès le début, un système pour communiquer, afin qu'ils puissent me dire entre autres : « Je veux faire une pause. » Une image, un signe, un mot s'ils le peuvent. Mais faire asseoir pendant deux heures Tristan qui n'a jamais été entraîné à un temps si long, est-ce possible ? Je suis confrontée à une réticence quand je parle de développer le comportement verbal : « On fait tous du VB, et l'ABA c'est la même chose, il faut arrêter de parler du VB comme d'un domaine différent. » Pourtant le professionnel VB que j'ai rencontré et qui me propose des supervisions a un tout autre discours. Et les formations plus pointues que j'aurai par la suite en 2013 montreront bien que ce n'est pas du tout le même travail. Certains superviseurs à Paris reconnaissent que le VB est en vérité trop difficile à appliquer, et que les gens formés rapidement ne pourraient pas s'y adapter aussi vite, sans supervision permanente. Le *Verbal Behavior* ne suit pas les mêmes étapes, on commence par donner à l'enfant le moyen de communiquer et de s'adapter à son environnement. Puis, uniquement lorsque tout prend un sens pour lui, on l'invite à s'asseoir dans un lieu qu'il choisit lui-même, pour lui enseigner divers domaines rapidement alternés entre eux, à petites doses, entrecoupés de langage, sans segmenter les compétences. Alors, peut-être le travail structuré à table tomberait-il juste au bon moment pour Tristan ?… Finalement ce n'est pas trop tard, au contraire, et peut-être qu'il l'accueillera bien.

Je travaille douze heures par jour depuis deux mois, j'ai acquis assez de précision dans mes pratiques ultra structurées, pour commencer à les enseigner à Tristan. Je n'aime pas cette rigidité, mais si elle fonctionne avec Tristan, il pourra franchir l'étape primordiale du cognitif. Comme j'ai enfin des revenus, j'investis dans du matériel – des jouets éducatifs, des lotos, des puzzles, des jeux de mémoire, un boulier, des lettres et des chiffres en bois, des jeux de société, des formes encastrables, des petits objets, des figurines, une caméra…

Je reviens avec des sacs remplis de matériel, je n'ai jamais été aussi réjouie de laisser 650 euros dans un magasin de jouets. Je suis heureuse de retrouver Tristan ce vendredi, il est très sage, presque timide, il semble tellement content de me voir, et moi j'ai un peu le trac. J'espère que j'ai fait le bon choix en partant à Paris travailler. Le samedi matin, je passe un long moment de détente avec lui, j'en profite pour évaluer ses envies du jour et les lui donner en renforcement d'un nouveau jeu : s'asseoir et compter des bonbons. « Viens Tristan, on va apprendre plein de choses, tu vas faire plein de progrès ! » Il s'assied, et avant qu'il ait envie de détaler je pose les bonbons en ligne sur la table, il veut les manger mais je le redirige, je lui gratte les mains, je lui chante des comptines à gestes, j'alterne avec des petites consignes simples qui l'amusent : « Tape dans ma main ! », et je montre les bonbons du doigt : « Un… deux ! » Il sourit et refait mon geste en comptant. Je fais très attention à ne pas exiger trop de lui, j'alterne cette tâche difficile et nouvelle avec une foule de petites tâches simples et amusantes. Je le guide discrètement pour qu'il ne se retrouve jamais en échec.

Ça va faire dix minutes qu'il est assis. Incroyable ! Je me fixe comme objectif, au-delà de l'apprentissage en tant que tel, de ne pas le voir s'enfuir ou se rouler au sol : jamais, surtout pas. J'aurai gagné s'il aime suffisamment la séance pour avoir envie de rester assis de lui-même… et revenir demain ? Comme d'habitude, je surveille donc avec attention la moindre expression. Si ça ne va pas, je stoppe l'activité, je passe à une autre plus facile ou je joue, je le chatouille, je fais des bulles de savon, je lui donne un jouet musical, je l'incite à me dire qu'il veut arrêter plutôt que de fuir. Tout doit être prêt au cas où, car il ne supporte pas les vides. Des caisses d'activités et de distractions sont déjà installées hors de sa vue, des "renforçateurs" divers sont cachés dans une boîte ; j'ai aussi une caisse pour ranger le matériel et éviter qu'il ne le jette. Je lui fais choisir l'activité, je lui propose des petites images. Il faut rester vigilante, réactive, passer très vite d'une activité à l'autre, comprendre le tempo de l'enfant, comme au travail. S'il faut nécessairement l'entraîner de manière répétitive – sinon il n'enregistre pas –, je sais qu'il faut aussi doser le nombre de consignes identiques, ne pas répéter une instruction ou un exercice plus que ce qu'il ne le tolère, il doit s'intéresser à tout ce qu'il apprend. C'est à moi de le distraire, de savoir rendre ma séance si intéressante qu'il n'aura besoin d'aucune contrainte pour rester concentré. C'est à moi, et pas à lui de tenir le choc. Il est resté cinquante minutes assis, avec un sourire quasiment tout le temps, je suis épuisée, mais si contente du résultat, il compte déjà jusqu'à sept. Merci l'ABA "parisien" !

Progressivement, au fil des mois et des séances, j'ai adapté le découpage du temps à son rythme : plusieurs petites sessions, c'est ce qu'il aime le plus. Cinq fois cinq à dix minutes par jour, Tristan coopère, assis à sa table. Il compte à présent jusqu'à cinquante, il fait de petits puzzles, il reconnaît beaucoup d'objets, les nomme… Il sait donner un mot à partir d'une initiale, « Dis un mot qui commence par B ? » « Banane. » Il n'a eu aucun problème pour apprendre de manière structurée. Alors je peux continuer à lui apprendre des choses plus complexes dans son environnement : lui faire compter des girafes au zoo, désigner des tomates au supermarché, trier les couverts et les ranger dans le tiroir. Il comprend encore mieux sur quoi peut s'appliquer son travail. Des petits temps assis, ce ne n'est pas le meilleur moyen d'obtenir qu'il reste sans bouger dans une classe, c'est vrai, mais je respecte son rythme.

Dans son internat, j'essaie d'avoir des informations précises sur ses comportements : on me dit que tout va bien. C'est vrai que, de retour à la maison, Tristan n'a pas perdu ses acquis, ils se maintiennent un peu par miracle, sûrement pas pour longtemps. Des encadrants souhaitent me parler en privé : ils ne peuvent plus poursuivre mes programmes car ils sont en désaccord avec d'autres collègues qui font des scandales et s'opposent catégoriquement, ne serait-ce qu'au concept de renforcement. La pratique, même minime et officieuse de l'ABA est en train de créer d'incroyables tensions dans le centre. C'est le troisième IME où l'on me demande d'instaurer des outils qui fonctionnent pour aider certains soignants, avant qu'ils soient obligés de tout stopper sous la pression des idéologies de l'ancienne garde – souvent des soignants présents dans le service depuis sa création, et qui refusent tout changement trop "systématique".

Le désarroi des professionnels

Au cours de mes stages, et dans mon nouveau travail, je côtoie beaucoup le secteur autisme des centres pluridisciplinaires et psychanalytiques. Les professionnels disent qu'ils font ce qu'il faut : les enfants et les adolescents finissent par s'apaiser. Tous les directeurs tiennent le même discours rassurant, alors qu'après des années de ce type de prises en charge, les enfants ont des gestes violents, sont souvent incontinents, n'ont pas de vie sociale et empêchent leurs parents d'en avoir une. Peut-être se calmeront-ils plus âgés, oui, mais le présent est difficile. Quand on entre dans la majorité de ces instituts, on entend des hurlements, on assiste à des crises, les éducateurs sont irrités, les psychologues éprouvés. Ils souffrent, ils encaissent, ils m'avouent qu'ils n'en peuvent plus, certains sont brisés et dépressifs. Une éducatrice, enceinte, vient de prendre un coup de pied dans le ventre et je la vois répondre courageusement au directeur : « Non, je ne prendrai pas de congé, on a besoin de nous, je resterai jusqu'au bout. » Le directeur me regarde et me dit fièrement : « Voilà le type de professionnels formidables qu'on a chez nous. » Oui, ces gens sont extraordinaires, mais ils le resteront encore plus longtemps s'ils cessent de subir ces agressions. Ils sont nombreux à me confier qu'il y a un monde entre les décisionnaires (ceux qui font les programmes) et les soignants qui vivent au quotidien sur le terrain. Ils se plaignent que les budgets aillent gracieusement à des hiérarchies pyramidales multiples qui se réunissent, parlent, se réunissent, parlent... Alors que les infirmiers, aides-soignantes, AMP, éducateurs, etc. ont besoin de solutions pratiques, et non de concepts finalement inapplicables, qui finissent par se transformer en camisoles, engendrent des arrêts maladie en masse, des désaccords entre collègues, des tensions sur la question du bon traitement.

Dans un institut très réputé, je rencontre un psychologue intéressé par ma formation. Je sens qu'il n'est pas dans le moule, un peu "révolutionnaire". Responsable des programmes thérapeutiques de l'IME, il m'avoue une chose stupéfiante :

« Au cours de mes études de psycho, je n'ai reçu aucune formation pour savoir ce qu'est concrètement l'autisme ! Rien ne m'a préparé à donner le moindre conseil pour contenir une crise. Ou apprendre à un autiste sévère à aller aux toilettes… On nous catapulte à des postes à responsabilités, et puis on tâtonne, on essaie d'aider comme on peut, mais on est désarmés. On arrive parfois à faire progresser des enfants peu atteints, il y a des résultats sur eux, mais les cas plus lourds, on se sait que les contenir plus ou moins. Il me faut des outils, des techniques comme la vôtre. Je soutiens psychologiquement mes éducateurs face à l'opposition et la violence des troubles. Mais pour tout vous dire, il y a un professionnel pour quatre ados au lieu de deux par enfant, et c'est tellement dur que parfois ils frappent les handicapés. Ce n'est pas régulier mais ça arrive quand ils n'ont pas d'autre choix, quand ils sont à bout devant tant d'opposition. On les soutient, ils ne sont pas responsables : on n'a aucun budget correct. »

Je comprends alors que tous ces professionnels sont de bonne volonté, qu'ils sont dévoués aux enfants, mais ils sont impuissants. Ni formation, ni budget. Les faits divers et les reportages dramatiques en caméra cachée ne montrent que le moment où ils craquent et maltraitent, comme s'ils se fichaient des patients. Je n'ai pas honte de le répéter : moi, une mère pourtant si aimante, j'ai ressenti mille fois des colères très violentes contre mon fils. Je ne crois pas les parents qui, devant un tel harcèlement et une telle hypervigilance au quotidien, savent rester de marbre, sans rage. Aucun humain n'est fait pour supporter l'enfermement sans aucune solution avec un comportement aussi dur et répétitif. Je m'étonne que cette ambiance si oppressante soit naturellement acceptée par les instituts résignés en France. À part les professionnels de terrain et ce psychologue très humble, la hiérarchie m'assure que les professionnels ont un excellent soutien : « Les psychologues sont suivis en psychanalyse et en réunions pour parler des "cas", des marches à suivre. » Oui, certains psys sont suivis, mais pas toujours les éducateurs, rarement même... Je suis convaincue que la psychanalyse leur fait du bien, mais ce n'est pas assez concret, ce n'est pas suffisant devant une telle réalité. Les intervenants directs ne font pas qu'écouter des patients, ils gèrent constamment l'agressivité et c'est un autre métier, bien plus physique et violent. Et souvent, ils en savent plus sur l'autisme que les superviseurs. Quand on leur pose la question, pour eux, les programmes sont flous et sans rapport avec des apprentissages, mais ils ne peuvent rien y faire. Comprendre ce qui les sensibilise, psychanalyser c'est bien pour ramasser les morceaux, mais en attendant ils sont dans un état de détresse ou d'épuisement perpétuel... Et plus le temps passe dans un tel climat, plus les dégâts ont le temps de s'installer de manière collatérale. On n'en parle jamais, la réputation des instituts est bien gardée, tant qu'il n'y a pas de caméra.

À l'inverse, dans les établissements comportementaux où j'ai fait mes stages, tout est filmé, les parents arrivent quand ils veulent. Et surprennent plutôt des rires et des félicitations. Je suis maintenant convaincue que les soignants dans les instituts ne peuvent pas survivre sans solutions plus structurées, plus solides et mesurables, en amont. On les montre du doigt parce qu'ils craquent, on fustige les instituteurs parce qu'ils ne reçoivent pas les enfants handicapés comme ils le devraient, mais qui les aide à se former ? Quelle aide de vie scolaire prétend savoir parfaitement gérer les crises au quotidien ? On se trompe de cible. La faute vient du manque de formation diplômante, de spécialisation dans l'autisme et autres troubles, le manque de généralisation interprofessionnelle des formations, comme ailleurs en Europe. Un calcul simple fait par une association a démontré que tous les budgets donnés aux patriarches des centres spécialisés du secteur public coûtaient bien plus cher que si on appliquait du comportemental partout pour l'autisme. Il faudrait pour cela miser sur les progrès de ces enfants. Or en France, on n'y croit pas. Un directeur d'IME remarquait l'évolution de Tristan, sachant parfaitement combien je m'étais investie dans ses apprentissages. Il était embarrassé et m'a dit avec ironie : « Et...vous les attribuez à quoi tous ces progrès ? Qu'est-ce qui vous prouve que c'est l'ABA ? Ce ne serait pas plutôt, simplement, le fait que vous avez pris une certaine distance émotionnelle avec lui ? »

Nous sommes alors en 2011, et la gestion professionnelle des crises, l'évaluation et l'analyse fonctionnelle, ces dizaines de protocoles sont ignorés alors que le monde entier les utilise. Lorsque j'essaie de leur parler de ces techniques adaptées au bien-être des instituts et hôpitaux, développées sur la base des outils comportementaux, ils ont l'air agacé : « Mais tout ce dont vous parlez, on le fait déjà très bien. » Ils sont plutôt vexés et se sentent remis en question. S'ils s'y intéressaient comme n'importe quel professionnel européen, ils comprendraient que le comportemental ne remplace pas leurs thérapies, il permet aux patients d'y accéder.

Associer les stratégies

J'ai eu la chance de pouvoir m'immerger pendant douze ans, au quotidien, dans l'autisme et les troubles du développement avec Tristan, puis avec des dizaines d'enfants, adultes et adolescents. Concernant le traitement de ces comportements chez les personnes handicapées, j'ai pu appliquer et observer les effets de très nombreuses pratiques.

Les instituts classiques rejettent massivement la nouveauté malgré quelques individus d'exception qui luttent et se font broyer. Les associations de parents réveillent les autorités et, de toutes leurs forces, entraînent notre pays vers une modernisation des prises en charge, et parallèlement essaient d'aider comme ils peuvent les familles avec de l'ABA mais sans grands moyens face aux demandes et l'absence de remboursement des soins par la Sécurité sociale… Les enfants en pâtissent.

Je me suis tournée vers les formations américaines en *Verbal Behavior* auprès de références telles que Mary Lynch Barbera, auteure des *Techniques d'Apprentissage du Comportement Verbal.* Quand elle est venue former en VB *Training* à Paris en 2013, des gens de toute l'Europe, des analystes certifiés, des psychologues et éducateurs américains ont répondu présent, mais j'étais la seule Française. Comme Vinca Rivière en 2008, elle m'a orientée sur la nécessité d'un enrichissement permanent et continu, vers des programmes issus d'études récentes et qui traitent point par point les divers types de comportements inadaptés. Je n'accompagne jamais un enfant sans utiliser le maximum d'approches : le “contrôle instructionnel”, base de toute coopération, les *Calm Count* ou *Count and Mand Procedure* pour aider à tolérer la frustration, le PCM (*Professional Crisis Management*) pour gérer et anticiper les crises, le *Hand Heading* pour demander de l'attention. Avec le plus de précision possible à mon modeste niveau, j'utilise l'ABA pour comprendre, mesurer, et modifier le fonctionnement des comportements, je prends dans le TEACCH ce qui manque dans le VB pour structurer et rassurer, je prends dans le Snoezelen[2] la sécurité psychocorporelle, dans la sophrologie la gestion des émotions, et aussi j'ajuste à chaque type de besoin mon programme chant/VB, l'ACRAP, pour rééduquer l'élocution et la relation “locuteur/auditeur”, etc. Chaque enfant réagit différemment, a besoin de tel ou tel soin, telle association de

2- Technique de relaxation pour améliorer les échanges soignants/patients.

stratégies. Après toutes ces années, j'ai vu les grandes catégories de pratiques fonctionner, mais aucune ne se suffit à elle-même ; elles ont toutes des carences mais se complètent entre elles à condition d'être bien appliquées. "Bien" au sens de "pas survolées". Je ne suis pas pour un mode de thérapies où on mélange une pincée de ci, trois grammes de ça, mais pas trop, oh là là « sinon attention ça enferme dans une méthode ». Inefficacité assurée. On a trop vu, dans certains instituts, l'échec de ces recettes. Le danger de vouloir faire un peu de tout est d'effleurer tout sans profondeur, survoler les protocoles, et "tout" perd finalement son efficacité. Je suis pour une application très précise et approfondie de plusieurs approches, comme le font de rares associations qui ont les moyens de combiner par exemple le programme d'un analyste certifié en TEACCH avec celui d'un expert en VB.

Pour faire "renaître" Tristan, il m'a fallu utiliser minutieusement chacun de ces outils. Ils sont, pour moi, indissociables les uns des autres. Mais pour Tristan, certains sont de véritables clés. J'ai vu d'impressionnantes améliorations dans son humeur et la qualité de ses relations grâce au PCM (gestion des crises). Ensuite, je n'ai vu ses troubles s'apaiser et ses progrès fulgurants se stabiliser définitivement que récemment, en 2013, depuis ma formation intensive en *Verbal Behavior* auprès de Mary Lynch Barbera. Toutes les personnes qui connaissent Tristan parlent d'un "avant/après" tant il semble renouer avec le monde et les gens. En effet, dès lors qu'une personne peut s'exprimer, elle s'individualise et reçoit mieux les informations, qu'elle peut aussi transmettre.

Le monde scientifique approuve les approches thérapeutiques basées sur la stimulation répétitive telles que l'ABA, le VB, etc. Claire Leblond-Manry[3], Docteur en Sciences de la vie et de la santé, continue d'expliquer que « de façon très intéressante, des chercheurs ont montré qu'un environnement dit enrichi (une cage stimulante avec des jeux et des odeurs) a un effet bénéfique sur un modèle de souris avec des traits autistiques et a notamment permis de réduire les comportements répétitifs. Pour résumer, l'autisme n'est pas une maladie mais un spectre de maladies, c'est-à-dire que chaque enfant présentant des Troubles du Spectre Autistique (TSA) est unique et va répondre différemment à un traitement. Il paraît évident que la clé pour guérir les TSA, ou du moins diminuer leurs symptômes, est de combiner les résultats et les avancées de la recherche en génétique humaine et en médecine, des thérapies comportementales et des thérapies médicamenteuses. Ce qui implique qu'il n'y a pas un traitement des TSA mais des traitements ou des combinaisons de traitements ». Elle ajoute que les TSA sont des

3- Docteur en Thèse, Sciences de la vie et de la santé, discipline génétique, université Paris Diderot (Publication d'une recherche en septembre 2011, *SHANK2, un nouveau gène impliqué dans la vulnérabilité des troubles du spectre autistique*). Travaille actuellement dans le département de génétique humaine à l'université McGill à Montréal (Québec, Canada).

troubles très fréquents dans la population humaine avec une prévalence d'environ 1/100 (un individu sur 100 est affecté par ces troubles) et sont plus fréquents chez les garçons que chez les filles. « Comme beaucoup de maladies, les TSA présentent une composante environnementale et une composante génétique. Dans les TSA, il a été montré que le déterminisme génétique ("l'inné") est particulièrement important. En effet, les études de jumeaux identiques (partageant le même génome) ont montré un taux de concordance très élevé (dans la majorité des cas, les deux jumeaux identiques présentent tous les deux des TSA). De plus, les études de familles de patients avec TSA ont également montré que le risque de récurrence dans la fratrie est proche de 6 % (ce qui est environ 6 fois plus élevé que le risque dans la population générale). Comme les TSA sont très fréquents et touchent de jeunes enfants, la recherche est très active dans ce domaine. La recherche en génétique et l'utilisation de technologies de pointe comme le génotypage et le séquençage haut débit à l'échelle du génome humain ont permis de mettre en évidence plus d'une centaine de gènes impliqués dans les TSA, même si dans environ 70 % des cas, les causes génétiques de cette pathologie sont encore inconnues. Les TSA étant très hétérogènes, aucune cause génétique commune n'a été mise en évidence, c'est-à-dire que chacune des mutations identifiées explique indépendamment un faible pourcentage de cas. De plus, le mode de transmission de cette maladie reste très controversé entre le modèle polygénique (plusieurs gènes sont impliqués dans la maladie) et le modèle monogénique (un seul gène est impliqué dans la maladie). Cependant, les résultats de la recherche en génétique humaine des TSA convergent vers la même direction : les gènes associés au TSA sont impliqués dans la régulation du taux de protéines au niveau des synapses (contact et communication entre les neurones) ou dans le développement, la stabilisation et le fonctionnement des circuits neuronaux (dans le cerveau humain les neurones forment des réseaux très complexes qui permettent la communication et la transmission d'informations).

Pour comprendre au niveau biologique le rôle d'un gène associé aux TSA, la recherche a développé des modèles animaux. Par exemple, il est possible d'inactiver un gène chez la souris et de regarder l'impact de l'inactivation de ce gène au niveau comportemental et physiologique. Plusieurs modèles de rats ou de souris ont montré, après inactivation d'un gène associé au TSA, des traits autistiques, c'est-à-dire par exemple des troubles de vocalisation (les souris communiquent dans l'ultrason), des troubles d'interactions avec leur congénères (la souris est un animal très sociable) et des stéréotypies. Ces modèles permettent alors aux chercheurs de mettre en évidence à la fois des déficits au niveau du cerveau mais également de tester de nouvelles thérapies (médicamenteuse et/ou environnementale). »

Partant du principe désormais inébranlable que des scientifiques rendent chaque jour en laboratoire des dizaines de rats autistes en quelques minutes, comment élaborer l'hypothèse que c'est leur mère qui les a déstabilisés ? Faut-il psychanalyser la mère du rat autiste ?

DES AXES ÉDUCATIFS

Quand Tristan faisait de très nombreuses crises, on me disait qu'il était capricieux et gâté. D'une certaine manière, c'était vrai. Une fois éliminée l'hypothèse d'une souffrance ou d'une gêne physique, l'évaluation fonctionnelle (un procédé permettant de déterminer la fonction des comportements inadaptés, à ne pas confondre avec "l'analyse fonctionnelle") révélait deux freins à son adaptation : le désir permanent des renforçateurs accessibles dans son environnement, l'absence de goût pour une activité de loisirs et l'ennui qui en découle ; enfin et surtout, l'impossibilité de communiquer correctement.

Prise de contrôle par l'adulte

L'indignation exacerbée prenant la forme d'une crise est un comportement que l'on rencontre de plus en plus fréquemment chez beaucoup d'enfants neurotypiques (non autistes). Dans un parc ou un magasin, l'enfant veut une chose à tout prix, on la lui refuse et cela prend une ampleur disproportionnée. Les parents, épuisés par la tension nerveuse des cris et parfois même des mots blessants, gênés par le regard des autres, vont finir par accorder l'objet ou l'activité. Ils se préservent ainsi d'une situation stressante sans fin. Même si les parents ne cèdent pas toujours, l'enfant sait d'expérience qu'il peut parfois gagner, il ne lâchera donc pas avant que la victoire soit obtenue. On peut considérer, pour un enfant autiste, que la situation est exactement la même en exagéré, puisqu'il n'y a pas encore de dialogue possible, pas de limite dans les crises, et que son attention peut être rivée sur le même objet désiré pendant plusieurs semaines, voire plusieurs mois, sans discontinuité.

Dans le cas d'un jeune enfant neurotypique, les spécialistes de l'éducation proposent généralement une intervention par étapes : d'abord, conseiller les parents pour qu'ils reprennent leur "place" et leur autorité (être ferme, ne pas céder, parler sur un ton calme, apporter plus de cohérence entre les deux parents, renouer les liens affectifs et mieux exprimer ses revendications ou ses sentiments). Puis, ils mettent en place les punitions à chaque mauvais comportement qui ne respecte pas les règles de vie élaborées ensemble par écrit. Et souvent, dès que le jeune enfant s'éloigne de cette discipline, il recommence à se comporter comme avant. J'ai rencontré beaucoup d'enfants qui sont très coopérants à l'école, car ils en craignent le cadre sévère, mais dès qu'ils sont à la maison, les parents se plaignent que c'est le défouloir et les transgressions de l'autorité.

Comme nous l'avons vu, l'Analyse Appliquée du Comportement propose la stratégie inverse.

Les procédures proposées sont régulièrement améliorées pour viser le respect maximum de la personne. Qui dit "respect" dit "pratique la moins intrusive possible", autrement dit le moins possible d'interventions sur les conséquences d'un comportement : Mark L. Sundberg, R. O'Neil, R. Schramm, ou R. Leaf – pour citer les plus connus des analystes du comportement – cherchent à ne traiter au maximum que les antécédents des comportements, plutôt que leurs conséquences. Il faut élaborer un plan de travail à long terme, impliquant la mise en place d'une prise de contrôle par l'adulte, et non par l'enfant, des renforçateurs potentiels, impliquant aussi parallèlement les apprentissages dits "proactifs". Tous ces "amonts" ont remplacé les punitions et l'attention excessive portée sur les comportements indésirables de l'enfant. Cette philosophie évite d'en arriver à des situations de crise. Par exemple, l'apprentissage prioritaire d'un langage quel qu'il soit octroie à l'enfant l'expression adaptée de ses contrariétés et de ses émotions. Ou encore, le développement de ses "jeux autonomes" lui évite l'ennui et les recherches d'attention mal exprimées. Il existe en effet des moyens de ne pas imposer son autorité par les rapports de force, les corrections, les situations trop tendues.

J'observe régulièrement dans mon entourage de jeunes enfants qui tiennent tête aux adultes, négocient les consignes, crient, tapent, s'expriment méchamment dès qu'on les contrarie. Certains ne se contrôlent pas dans les lieux publics, d'autres refusent d'aller au lit seuls, les parents doivent dormir avec eux et sont épuisés, n'ont plus de vie de couple. J'en observe des dizaines dans ce cas. Il est clair que le Contrôle Instructionnel pourrait être mis en place pour améliorer la vie de chacun. C'est un des principes éducatifs les plus fondamentaux. Il permet de reprendre l'autorité par des moyens calmes et naturels. Je pense que c'est le point faible de l'éducation actuelle et le grand écart avec l'ancienne manière d'éduquer. Élaborée par Robert Schramm, BCBA allemand, cette stratégie permet de montrer à l'enfant que ses mauvais comportements ne lui apporteront rien, et que pour obtenir ce qu'il veut il devra se comporter d'une certaine manière. Schramm part du principe que l'instruction ne peut être divulguée que si l'enfant a compris que seul l'adulte détient l'ascendant et le contrôle de ses renforçateurs. Il serait intéressant d'observer, si vous êtes parents, au cours de la journée, de la semaine, combien de fois les adultes ont donné des "renforçateurs" (ou récompenses, activités très désirées par l'enfant), sans aucune contrepartie. Ou combien de fois aussi ils ont donné ces préférences quand l'enfant les exigeait par des demandes oppressantes et inadaptées. Et combien de fois l'enfant s'est servi tout seul. Il se peut que 100 % des récompenses soient octroyées sans tenir compte du moindre contrôle par l'adulte, sans contingence, ou librement sans permission de l'adulte. J'ai remarqué que, dans son internat,

Tristan obtenait tout en criant. Les éducateurs me rapportaient qu'il sortait de sa chambre à trois heures du matin, renversait toutes les chaises en exigeant du chocolat. L'Empereur l'obtenait, avec un massage en prime. Il est redevenu rapidement dominant et ingérable, dangereux parfois même, face à une demande. La procédure de Contrôle Instructionnel est trop longue à détailler ici, cependant c'est le moyen de rappeler à l'enfant que c'est l'adulte qui détient et contrôle : c'est le seul biais s'il veut l'instruire.

Mais attention, il faut être supervisé, on ne peut pas appliquer soi-même ces nouvelles règles sans déclencher un climat de tension et risquer un échec. Pour éviter une sur-réaction émotionnelle de frustration, il s'agit d'amener les choses professionnellement avec beaucoup de progression et de clarté, suivre bien les étapes, commencer à cacher les renforçateurs puissants et ne donner que ceux qui le sont moins.

On peut aussi par exemple, mettre en place des contrats écrits avec l'enfant, comme on le fait dans les stratégies de PCM, un programme performant et depuis peu, enseigné en France par des formations (notamment par Ana Bibay, BCBA superviseur à l'IME MAÏA). Le PCM propose un panel d'outils tels que les contrats, mais aussi des procédures et conseils pour éviter de déclencher les crises par des comportements coercitifs que nous avons presque tous par habitude. Depuis que j'ai remarqué mes propres comportements coercitifs avec Tristan (ton de voix agacé, questions fermées, sur-explications, etc.) nos relations et son humeur se sont énormément harmonisées. Concernant l'utilisation des contrats, j'ai par exemple appliqué une procédure avec Julie, une petite file de sept ans, neurotypique. Elle imposait son programme télévisé chaque soir jusque vers 23 h aux adultes, puis exigeait de se coucher avec ses parents car elle avait peur toute seule, refusant toujours de se brosser les dents. Voici un exemple de contrat que l'enfant et l'adulte rédigent et signent ensemble : « Julie peut finir de regarder une émission, mais pas après 21 h. Elle doit ensuite se préparer sans crier, aller se coucher dans son lit à 21 h 30, ses parents lui liront une histoire pendant quinze minutes et la laisseront s'endormir seule avec une lumière et une musique si elle veut. Si elle n'obéit pas, elle ne verra pas son émission. » Le fait d'expliquer ces règles apaise l'enfant qui généralement, grâce à la communication, se plie avec aisance au cadre. Julie s'est adaptée en une seule soirée à ces exigences. Il en est de même quand une fratrie se dispute devant l'ascenseur de l'immeuble tous les jours pour savoir qui appuiera sur le bouton. Un contrat peut être rédigé, déterminant qui appuiera tel jour sur le bouton; l'adulte rappellera et montrera de nouveau le contrat si la dispute éclate et que le contrat n'est pas respecté. La systématisation de ces stratégies porte vite ses fruits, à condition de bien expliquer avant et calmement aux enfants le pourquoi du comment, ce uniquement lorsqu'ils sont réceptifs, en dehors du moment de crise.

Tristan ne lit pas encore, mais je lui explique ces règles par contrat verbal : il écoute attentivement, et les crises se "négocient". Aujourd'hui, comme tous les enfants, il réclame beaucoup de choses. Cela peut paraître vieux jeu, ou sembler du chantage, mais peu importe, il n'aura de gâteau que s'il fait une demande polie, adaptée, et effectue quelques exercices seul ou avec moi (appariements, langage ou entraînement à cette demande par téléphone sous forme de saynète). Il s'agit du principe de Premack, *une grandma's law*, une règle de base de "grand-mère" : une fois bien systématisée, j'ai obtenu beaucoup de progrès concernant la coopération, avec Tristan et d'autres enfants. On amène progressivement une activité moins appréciée à devenir un renforçateur. L'enfant sera plus motivé pour exécuter une activité particulière et moins demandeur d'une autre, s'il sait qu'à cette issue il bénéficiera de l'activité plus désirable qu'il souhaitait au départ. Tristan a parfaitement assimilé cette loi, ne se sert plus tout seul, et surtout accepte, avec le sourire parfois, que je propose du travail en contrepartie. Il retrouve avec plaisir ses exercices, et les demande parfois spontanément.

D'une manière générale, ces principes respectent le mécanisme social : on ne garde son emploi que si l'on travaille correctement, on obtient le respect des autres lorsqu'on est civil, c'est l'apprentissage d'une éducation sociabilisante à long terme. En appliquant les procédures de Contrôle Instructionnel, l'autorité sera rapidement instaurée de manière généralisée sur d'autres situations de refus, comme tenir la main ou marcher près de l'adulte dans la rue. Quand un parent me demande : « Comment faire pour qu'il soit sage en sortie ? », je réponds qu'il n'y a pas de stratégie dans l'instant, mais en amont, car l'enfant n'a simplement pas acquis la coopération : il sera sage dans la rue quand il aura assimilé qu'il doit écouter l'adulte à la maison.

Comment réagir quand un enfant refuse de quitter une activité qu'il apprécie ?

Je me suis souvent retrouvée démunie face à Tristan qui refuse catégoriquement de sortir de l'eau. Il prenait la fuite ou se jetait au sol pour ne plus bouger d'un endroit qu'il aimait. Combien de parents sont dépassés par des enfants autistes – ou non – qui ne veulent plus décoller de la télé, des jeux vidéo, du toboggan, du ballon sauteur chez la psychomotricienne… Les procédures de PCM et de Contrôle Instructionnel peuvent être mises en place, mais si elles ne fonctionnent plus devant l'intensité de l'attachement à certains renforçateurs, j'ai obtenu beaucoup de coopération en mettant en concurrence l'activité désirée avec d'autres renforçateurs. Par exemple Damien, un enfant neurotypique, refusait de sortir des aires de jeux du parc où il prenait son goûter et s'amusait avec ses frères. Au bout d'une heure, la maman restait dans le froid à attendre et à l'appeler en menaçant de partir sans lui, pendant que ses deux autres enfants s'impatientaient, puis tentaient de rejoindre leur frère. Je lui ai proposé de ne plus amener le goûter aux sorties, et de le prévenir en amont qu'il devra jouer au parc jusqu'à une heure précise en lui montrant les chiffres de sa montre. Une fois arrivée l'heure de partir, la maman annonçait : « Viens, on va prendre le goûter à la maison ! » et vite, elle venait le chercher dans les jeux sans négocier, sans répéter la consigne. Cette mise en concurrence des renforçateurs a parfaitement bien fonctionné, l'enfant ayant vu auparavant le "programme", la détermination de sa mère et, poussé par la faim, il l'a suivie plus facilement. Anticiper le refus est une clé de réussite : si vous savez que votre enfant va courir vers le bus dès que vous sortez de l'immeuble, préparez à l'avance des renforçateurs pour le distraire et attirer son attention ailleurs juste avant le moment habituel du refus.

Avec Tristan, j'ai appris à ne pas négocier ni crier pendant le refus, mais à stopper net l'engagement dans le comportement de défi par des aides physiques, et passer immédiatement à un autre centre d'intérêt agréable. Ce n'est pas brutal d'imposer un changement de lieu ou d'activité, c'est juste ce qui arrive dans la réalité. Comme c'est le cas à l'école : l'institutrice ne négocie pas la fin de la récréation pour chacun de ses vingt-quatre élèves, elle n'a pas non plus une voix d'ogre. La sonnerie annonce l'heure au beau milieu des jeux. Cette procédure vise aussi à conserver l'aspect sociabilisant de l'éducation, tout en permettant à l'enfant de coopérer avec d'autres personnes, pas seulement non plus avec une voix qui fait peur.

Une fois la paix rétablie, les outils que propose le TEACCH sont appropriés pour gérer, voire "recadrer" en amont les engagements illimités dans une activité. Ce qui m'a tardivement intéressée dans le TEACCH – et qui me faisait un peu peur au début – est le cadre rigide mais rassurant de sa structuration spatio-temporelle dans tous les moments du quotidien et des apprentissages. Quand j'ai mis en place certains de ses principes avec Tristan, j'ai dû finalement l'employer à petites doses. Un espace dédié aux loisirs culturels, un autre aux jeux cinétiques, un espace de travail, un espace de relaxation, etc. Je remarque que Tristan s'est vite senti bien plus rassuré depuis ce remaniement, il sait où il doit aller selon ce qu'il veut faire, et peut ainsi passer d'une activité à l'autre de manière distincte. Mais par exemple, un cadre de travail typique du TEACCH (bureau entre deux paravents, face au mur, sans distraction possible) lui est insupportable, tandis que j'ai travaillé avec des personnes Asperger[1] très réceptives à cette mise en place de leur univers, qui les rassure et les aide à se concentrer. On remarque aussi que la majorité des enfants étudient plus facilement quand tout est planifié et délimité dans leur espace-temps. De même, les emplois du temps visuels souvent utilisés dans nos IME (le mot TEACCH fait beaucoup moins peur que le mot ABA dans notre secteur public) est un support intéressant pour tout enfant jeune ou handicapé, car il ne

1- Le syndrome d'Asperger est une forme d'autisme sans déficience intellectuelle ni retard de langage.

nécessite pas de savoir lire – des images ou des photos sont utilisées. Il permet de donner une vision claire et globale de ce qui s'est passé dans la journée, l'image de ce qui est fini est rangée dans une poche, et on peut voir quelles activités sont ensuite programmées, à quel moment, où et avec qui.

Carences en communication : VB, Redirections, Jeux Autonomes…

J'ai souvent des demandes d'instituteurs très inquiets face à la présence d'un jeune enfant avec troubles du comportement, diagnostiqué ou non. Il tape ses camarades, tire les cheveux, donne des coups de pied. Il semble énervé surtout lors des rassemblements calmes, il hurle et court. L'enseignant accumule du stress et de la fatigue, il a du mal à faire son cours. Quelqu'un doit alors sortir l'enfant de la salle pour le calmer. Cette situation est récurrente car en France on ouvre soi-disant les écoles mais on ne donne aucun outil aux équipes éducatives pour contenir et éduquer les enfants différents. Ce qui explique qu'on soit aussi le seul pays à ne scolariser que 20 % des enfants autistes ou avec troubles apparentés. Ces réactions d'agitation sont souvent dues à un excès de stimuli (bruits, consignes, mouvements, interactions) ou, au contraire pas assez de stimulation et de l'ennui (moments calmes, attente entre deux activités…). L'enfant s'engage dans une autostimulation, qui apaisera son stress ou son ennui. Des encadrants s'aperçoivent très vite que forcer l'enfant, dire non, le bloquer, le gronder, l'éduquer frontalement n'a pas d'autre effet que d'amplifier l'agitation et les pleurs. Alors, résignés, ils feront sortir l'enfant et les psychologues scolaires auront eu gain de cause, ils pourront étayer leur indignation : « Vous voyez bien, cet enfant n'a rien à faire à l'école ! »… combien de fois ai- je dû me bagarrer en réunion pour imposer un enfant une année de plus ! Comme le font tous les secteurs publics anglais et néerlandais, il faut consulter un spécialiste qui déterminera par évaluation fonctionnelle quelle est la fonction des crises, s'il s'agit d'auto-stimulation ou autre : chacun sera informé des stratégies à suivre, et l'enfant s'intégrera facilement. Il est probable que l'exigence soit trop haute, que l'enfant supporte trop d'heures d'école. Le programme consistera à le préparer à la classe en amont, et à donner des clés à toutes les personnes de l'école (enfants, adultes) pour gérer les crises dans l'instant. J'ai remarqué que, dans ces cas précis, les stratégies efficaces sont les redirections. Au moment même, ou bien juste avant qu'un comportement à problème soit émis, on le bloque rapidement et on le redirige immédiatement vers un autre comportement équivalent dans sa fonction, mais plus adapté et source de renforcement. Concrètement, lorsque je vois un enfant qui commence à s'énerver, je le redirige d'abord vers un comportement de communication (DRC) : « Dis : "J'en ai assez, je veux une pause" » (ou « Montre un pictogramme donnant ton humeur. ») Je le félicite, puis je le redirige vite vers une activité fonctionnelle (DRF) sans oublier qu'elle doit être renforçante, comme construire un

Lego ou faire de la pâte à modeler pour patienter. En cas de grande crise, quand il s'agite en courant partout, je le redirige vers un comportement qu'il ne peut combiner avec sa crise, qui est "incompatible" (DRI), comme l'asseoir et vite lui donner un renforçateur puissant. Comme exemple de DRA (redirection et renforcement d'un comportement alternatif), quand Tristan sautille sans arrêt, je le redirige vers une activité avec un ballon sauteur de manière ludique, pour que ses mouvements aient un sens et puissent l'amener vers du jeu. Un autre exemple de DRC : Tristan adore la piscine – il peut nager des heures – mais lors d'une sortie, il s'est mis à crier, rire compulsivement, courir partout au risque de se casser une jambe, et même retirer son maillot devant tout le monde en éclatant de rire et en dansant tout nu… Comme il était très calme à la maison et dans les autres endroits, avec la fatigue et le manque de recul, je n'ai pas compris tout de suite que nous restions trop longtemps pour lui et qu'il y avait beaucoup de nageurs, de bruit, de vagues. Quand j'ai compris, je lui ai dit avant d'y retourner : « Tristan, si tu en as assez de la piscine, dis-le à maman. Dis : "Je veux rentrer." » Nous sommes allés nous baigner, tout allait bien pendant trente minutes. Il y avait du monde dans le bassin extérieur chauffé, nous étions tous immobiles, calmes, bercés par les vapeurs sortant de l'eau. À cet instant de magnifique poésie, une voix perçante a fendu l'air : « Y'EN A MARRE !!!!! Y'EN A MARRE DE L'EAU !!! » J'étais un peu surprise, moins que les nageurs, surtout quand j'ai répondu : « Bravo

Tristan ! Un peu basique ton DRC, mais bien dit ! » Tristan avait le sourire du gamin fier de son coup, mais c'était parfaitement adapté comme redirection, aucun comportement de défi n'est apparu. Ces procédures impliquent de donner en priorité, lors des premiers apprentissages, un moyen de communiquer. Pour maintenir cette bonne attitude la fois suivante, j'ai employé un DRO[2] : je récompensais tous ses comportements adaptés dans l'eau, d'abord toutes les cinq minutes, puis toutes les dix minutes, etc. Cette procédure est extrêmement utile même à la maison si l'on a un enfant agité : lorsqu'il se calme, au lieu de l'oublier, il faudrait penser à le féliciter énormément et régulièrement suivant un programme d'intervalles croissants prédéfinis, encore une fois, à élaborer avec un professionnel.

Quelles procédures pour atténuer l'intolérance à la frustration ? Count and Mand, Snoezelen

Chacun connaît un enfant qui ne supporte pas l'attente quand il veut quelque chose, qui arrache les objets des mains, se sert tout seul, tire sur la manche des parents pour qu'ils le servent, etc. Les analystes du comportement spécialisés en VB ont élaboré beaucoup de procédures telles que le *Calm count*, le *Count and Mand*, le *Hand Leading*… Je n'ai pas assez de pages pour en décrire les étapes, mais on peut les trouver sur les sites comme ATS ou Barbera Consulting, sous forme de "Webinars" (séminaires et formations par Internet).

2- *Differential Reinforcement of Other Behavior.*

Toutes ces procédures issues de l'ABA-VB servent à maintenir la personne dans l'attente de plus en plus longue d'une chose qu'elle demande, sans déclencher de colère. Mais elles servent aussi et surtout à développer un mode de communication plus riche et plus adapté. Lors de ces entraînements, on travaille progressivement deux domaines : la formulation d'une demande polie et compréhensible par tous et une capacité à supporter la frustration de ne pas obtenir cette chose tout de suite. Beaucoup d'enfants auraient besoin de suivre ces programmes.

Il reste un aspect émotionnel qui ne peut être totalement couvert par les stratégies même efficaces. Quand un enfant est régulièrement énervé dans ses demandes, je conseille des activités de relaxation psycho-sensorielles comme l'équithérapie, le Snoezelen, la sophrologie. Depuis que Tristan se relaxe de ces façons, il est plus disponible. Le Snoezelen que j'ai découvert dans son premier IME est un lieu clos aménagé pour que tous les sens soient très doucement en éveil (lumière tamisée, musique relaxante, aromathérapie, lampes multicolores, lumières mobiles, coussins de diverses matières etc.). L'adulte profite de ce moment de détente pour proposer des interactions lors desquelles l'enfant sera beaucoup plus réceptif, à l'écoute. Ces accompagnements ont été élaborés en instituts aux Pays-Bas, pour qu'entre patient et soignant des relations individualisées puissent être développées. Il existe des formations sur le site du Snoezelen France.

Canaliser un enfant qui sollicite ses parents de manière oppressante, ou qui émet une "hétéro et auto-agressivité" régulière

Quand je téléphonais, Tristan hurlait, se frappait les cuisses, cassait des choses. Je raccrochais, je le grondais, il avait gagné, j'étais sur lui et pas dans ma conversation. Donc, il recommençait lors du coup de fil suivant. Grâce au DRC, maintenant il me demande : « Occupe-toi de moi, maman ! » À l'identique, quand j'interviens dans des familles, un parent sur trois me demande comment empêcher leur enfant de se frapper la tête. Je n'interviens pas avant d'avoir observé et trouvé la fonction de ce comportement spécifique. Je dois rester très prudente sur ce type d' auto-agressivité, et prévenir que l'on doit consulter un analyste certifié avant toute intervention. Car parfois, il arrive que ce soit une auto-stimulation sévère, l'enfant qui se cogne et se frappe la tête en permanence en tire une hyperstimulation dont il a besoin. Lors de mes formations, j'ai demandé à Mary Lynch Barbera et son équipe ce qu'ils mettaient en place dans ce cas. Malheureusement, elle m'a appris que ce sont des comportements très difficiles à réduire. Trop absorbé par ses sensations, on dit que l'enfant n'est "pas engagé" dans le monde extérieur, ne réagit pas à nos interactions, ce renforcement est trop intense pour être remplacé par un autre plus fonctionnel. La seule chose qui a donné parfois des résultats, selon son expérience, était le développement de loisirs : un apprentissage bien sûr très délicat dans ces circonstances. Certaines équipes d'Analystes du Comportement ont observé qu'ils se confrontaient à des échecs dans ces situations : l'ABA ne peut, selon eux, pas souvent faire grand-chose. Je pense qu'il serait intéressant alors de se diriger aussi vers la relaxation.

Mais pour les autres cas, il s'agit souvent d'une recherche d'attention mal formulée. Pour résoudre ces problèmes avec Tristan, qui prenaient toutes les formes (se frapper, sautiller, crier, casser) je pratiquais d'abord l'extinction. Par exemple, il criait : je continuais ma conversation en marquant mon désintérêt précisément pour son comportement inadapté. Il m'arrivait même de le rediriger tout en ne réagissant pas à ses provocations. Ce qui maintenait ses défis était ma colère, donc, je l'ignorais, jamais lui directement, mais seulement son défi : je ne montrais pas d'émotion. Parfois encore aujourd'hui, s'il s'agite quand je travaille, alors je sors de la pièce, j'attends une minute de calme, je reviens et lui apprends à dire : « Occupe-toi de moi. » Grâce au langage, je peux lui expliquer, par exemple en lui montrant l'emploi du temps visuel, qu'il doit jouer seul et que je serai disponible plus tard, qu'on fera alors telle ou telle chose demandée. Désormais il est rare qu'il n'utilise pas une demande verbale adaptée. Je recommande aux parents de noter alors quand l'enfant les interrompt, quand il fait des crises permanentes dans une maison, quand il harcèle l'adulte de demandes, ou quand il se fait souvent mal par inadvertance. On trouve souvent un point commun à ces moments : les parents sont occupés, ou même parfois sont à côté mais regardent ailleurs (télé, livre, portable). Les comportements agaçants vont rendre les parents disponibles, peu importe si c'est pour une interaction désagréable, l'enfant préfère être grondé qu'ignoré. Récemment j'étais assise dans le canapé près de Tristan, en train de répondre à des textos. Il répétait en boucle : « Viens, maman ! Avec moi, maman ! » Je répondais : « Mais je suis là ! » Il a fini par s'exprimer avec plus de précision : « Regarde-moi, maman ! » Il avait raison, j'étais là, mais dans mon écran… Autrefois je n'aurais rien compris, il se serait simplement mis dans une colère folle. Pour encourager cet engagement dans le langage, j'ai tout de suite lâché mon portable et passé dix minutes à le regarder en lui parlant, il répondait, il était visiblement très heureux, très souriant.

La redirection vers une communication appropriée décrite ci-dessus doit bien sûr être cohérente, donc suivie d'une grande disponibilité de l'adulte : si l'enfant apprend à demander de l'attention et qu'on n'a pas de temps pour lui, il n'aura rien tiré de cet apprentissage. Cette procédure peut ne pas suffire, je recommande alors d'enseigner à l'enfant à jouer seul. La procédure peut facilement être guidée par un professionnel. Chacun a sa méthode. Pour Tristan, au départ, j'ai dû le convier à un jeu à deux – dont j'avais auparavant évalué l'intérêt – puis je me suis éloignée progressivement, dans le but qu'il joue seul. Par la suite, je n'avais plus qu'à passer le voir régulièrement pour le féliciter et l'aider si besoin, jusqu'à ce que Tristan le fasse de lui-même. La procédure est plus détaillée (il faut préparer les activités, les ranger, renforcer régulièrement, ne pas non plus laisser l'enfant s'engager trop dans ces jeux et couper la communication, etc.). J'ai appliqué ces procédures très utiles, parfois vitales, auprès d'autres enfants et les parents constataient une meilleure ambiance générale. Des enfants en recherche d'attention sont peut-être simplement en train de s'ennuyer, alors ils mangent sans arrêt, provoquent des disputes, etc. En enseignant les jeux autonomes, j'ai remarqué que ces programmes étaient mieux acceptés par les enfants, grâce à l'aménagement d'un lieu agréable : redécorer leur chambre selon leurs goûts, pour qu'ils s'y sentent mieux et moins isolés (peinture aux murs, musique, mezzanine, fauteuil gonflable, luminaires, tapis de jeux par exemple), renouveler et ajuster leur matériel.

J'ai obtenu beaucoup de résultats de ces procédures. Cependant, elles fonctionnent mieux si l'enfant a bénéficié de bonnes pratiques antécédentes. Elles peuvent s'avérer difficiles à transmettre s'il n'y a jamais eu d'évaluation des goûts et des motivations avant le travail comportemental à table. Un enfant qui n'a pas travaillé jusque-là de manière agréable et ludique, ou qui a toujours eu des activités au même endroit, peut s'avérer incapable de travailler ailleurs, et peut aussi avoir associé les activités à table à une tâche très ennuyeuse. Il serait intéressant alors de proposer des catégories d'activités plus variées. Pour découvrir des pistes nouvelles, je conseille l'*Alaskan Reinforcement Assessment* ou le *Reinforcement Inventory for Children and Adults* : des évaluations disponibles en ligne, qui proposent d'établir une hiérarchie des préférences de l'enfant à travers tous les loisirs : sportifs, culturels, interactifs, etc. Je m'appuie toujours sur ces évaluations pour motiver la personne, sans oublier de changer régulièrement de matériel, de type de jeu, et choisir des lieux appréciés. Pas à pas, la personne va découvrir un apprentissage vital : avoir des activités pour le plaisir, sans contraintes.

Mon expérience maternelle puis professionnelle m'a poussée à associer plusieurs approches pour venir à bout de comportements à problèmes fréquents chez les enfants très durs à gérer. Il faudrait des milliers de pages pour décrire avec précision le détail des procédures, et autant pour décrire les autres procédures disponibles qu'il aurait été possible d'utiliser avec des moyens et des professionnels. Ce que j'ai appliqué avec mes "faibles moyens" ne conviendra pas forcément à tel autre enfant. Ce qui m'a permis de vérifier l'efficacité de ces programmes est le fait d'avoir obtenu des résultats aussi bien avec des enfants diagnostiqués avec Troubles du Spectre Autistique, qu'auprès de jeunes enfants parfaitement neurotypiques. J'encourage chacun à se documenter ou à consulter des professionnels qui pourront mettre en place certaines pratiques. Les problèmes de comportement ne touchent pas que les personnes handicapées. J'ai travaillé dans des instituts ou des familles sur des comportements d'autostimulations permanentes, d'opposition sévères, de refus de stopper une activité amusante, de recherches d'attention qui émergent souvent sous la forme de crises. On ne peut pas ignorer que l'on retrouve ces comportements de plus en plus souvent chez des enfants sans aucun trouble du développement. Des comportements problématiques qui peuvent potentiellement devenir ingérables s'ils ne sont pas pris en considération assez vite. Des émissions télévisées et des ouvrages se multiplient sur le thème : venir au secours des parents dépassés…

Parents dépassés, soignants épuisés, guide de survie

Tandis que je rentre en Master d'Analyse du comportement à Lille 3 en septembre 2012, tandis que j'ai repris l'art lyrique et chante dans un opéra, alors que j'ai mille projets qui marchent, que je retrouve des amis, progressivement les comportements de Tristan régressent en internat. Son programme de maintien et généralisation des acquis n'est pas suivi, il redevient incontinent et parle peu. Les éducateurs m'informent qu'il devient "agressif". En réalité, il tape chaque personne qu'il croise, cela devient impossible de le sortir, je remarque qu'il a des réflexes de défense quand on s'approche de lui. Georges passe alors à l'improviste dans son centre et voit Tristan se faire frapper par un adolescent handicapé. Il fait un scandale mais on lui répond comme une évidence : « Mais enfin monsieur, le risque zéro n'existe pas. Vous voulez qu'on soit tout le temps derrière chaque enfant ? » Oui ce serait mieux !! Les meubles de sa chambre ont disparu, on demande pourquoi. Réponse embarrassée : « Ses affaires sont toutes cassées. » Mais personne ne peut m'expliquer qui a fait ça, « peut-être un ado qui est rentré dans sa chambre ». Nous devons le retirer immédiatement. Il n'obéit plus et se sert dans la cuisine, se réveille la nuit, jette ses aliments à la poubelle, n'a pas de limites. Je discute avec une éducatrice qui me confie : « Ce n'est pas de notre faute madame, nous sommes d'accord avec vous, mais la politique de l'IME est de ne jamais dire non à l'enfant, nous sommes là pour l'apaiser ». Oh... mon... Dieu...!

Pourtant ses encadrants sont motivés, humains, courageux, je les apprécie et ne peux que les admirer, mais quel gâchis de mettre leur potentiel au service d'autant d'inepties...

Je dois rentrer, cesser de travailler. Tout abandonner. J'ai bien tenté de ramener Tristan avec moi à Paris, mais il n'est plus contrôlable : en plus de ses oppositions, ce nouveau changement parisien stressant ne lui convient pas, nous retournons en province dans une campagne qu'il aime, à laquelle il est habitué. Je ne me consacre plus qu'à mon fils, et désormais j'évite pour lui les IME classiques qui ne sont pas encore aux normes de la HAS. Leurs politiques éducatives peuvent sûrement très bien marcher pour d'autres enfants moins sévèrement handicapés, mais pour Tristan, de toute évidence, ce n'est pas le cas.

Il a fallu un an de travail acharné, d'entraînement aux sorties calmes, de procédures aidant à la coopération et l'apaisement, pour que Tristan cesse d'avoir des comportements de défi permanents, qu'il arrête de taper tout le monde, de changer d'humeur et de détaler dans la rue. Il a fallu six mois pour qu'il assimile de nouveau la propreté. Sans autre aide que mes formations coûteuses en temps et en énergie, mais tellement utiles…

En France, nous avons encore tant de progrès à faire… En interrogeant des étudiants en psychologie, j'apprends en 2015 que « les parents ont une part de responsabilité, l'autisme étant un repli, un retrait du monde effectué par l'enfant face à une peur ressentie dans la petite enfance, occasionnée par l'un des parents, ou par leurs relations névrotiques ». On est loin de la définition de l'autisme par l'OMS.

Certains psychologues et psychiatres sont ouverts, modernes, se documentent plus sérieusement et savent éviter les sempiternels « Vous ne croyez pas que c'est dans votre enfance que vous avez appris à reproduire ces schémas ? ». Il est alors nécessaire, si on en trouve un, d'être suivi. On ne peut nier l'importance d'un accompagnement psychologique pour dénouer certaines relations familiales. La psychanalyse n'est pas mauvaise en soi, c'est la manière autocratique et sauvage avec laquelle elle est souvent pratiquée qui est néfaste. Les comportementalistes ne prétendent pas soigner l'esprit, nous sommes des "rééducateurs". Nous ne proposons pas d'apporter de suivi analytique. Pourtant nous ne nous y opposons pas dans la mesure où il ne culpabilise pas les parents. Hélas les parents, jusque-là traumatisés par les intrusions culpabilisantes des psys, les rejettent en bloc, sans différenciation. Pourtant, aucun autre professionnel ne peut démonter des remparts qui retardent les soins tels que, par exemple, certains liens familiaux qui se cons-truisent par nécessité autour du handicap et des traitements d'un enfant. Les parents peuvent montrer une force exceptionnelle, mais en tant qu'humains, nous ne sommes pas bâtis pour supporter un calvaire pareil. Alors des défenses se mettent forcément en place, maladroites, de l'ordre de la survie, plus ou moins rationnelles. Seul un psychothérapeute peut fournir une aide sur nos conduites d'échec éventuelles, l'estime de nous-mêmes abîmée, nos dépressions, nos traumatismes liés parfois à la psychanalyse sauvage, ou nos problèmes relationnels, nos divers dénis, etc. Si j'avais pu bénéficier d'un tel soutien à certaines périodes, la côte aurait été plus facile à monter.

Tout parent dans cette situation, est assailli par le stress de sa situation financière, le manque de soins adaptés, le vent des critiques. Difficile de ne pas craquer sous les démarches administratives pour les aides, sous la pression de Pôle Emploi qui menace de supprimer le complément Rsa : « Madame, il faut que vous travailliez plus de trois heures par semaine, vous essayez, oui oui, vous êtes courageuse, vous refusez d'être assistée on l'a noté, mais ici on ne fait pas de cas par cas. » Alors on vous sabre… Rien n'est prévu pour l'insertion sociale des parents d'enfants handicapés, qui veulent pourtant tous travailler, revivre. Alors que des programmes de réinsertion existent lorsqu'on sort de prison, les parents seuls sont bloqués même quand l'enfant va en institut. Quel patron embaucherait un parent disponible de 10 h à 16 h 15, épuisé par une nuit blanche un matin sur trois, qui ne dispose pas d'une garderie périscolaire, ni de relais familial quand l'enfant est souffrant ou en vacances ? Comment survivre à cet isolement social programmé et aux relations amoureuses vouées à l'échec : dépression du conjoint assommé par le poids des soins et délaissé par notre travail avec l'enfant… Comment ne pas s'effondrer ? Nous n'avons pas le droit de flancher, nous devons rester debout. J'ai eu des fièvres à 40 °, des migraines ophtalmiques, le pied puis un doigt cassés, une mononucléose, des arythmies cardiaques, les épaules bloquées… Pendant douze ans, je suis restée debout comme un samouraï, sans être sciemment atteinte.

Ce n'est pas le courage qui me maintient en vie, c'est l'obligation. Si je pouvais trouver une autre alternative, je ne vivrais pas cette vie. Mais je n'ai pas de choix justement. Alors je me suis transformée en soldat.

En voyant le chemin éternel qui me reste à parcourir, je m'impose des règles de vie très strictes, il est évident que sinon je ne serais pas là. Je ne peux pas faire comme tout le monde, prendre des calmants, boire un peu trop, fumer, me coucher tard…

Il est très surprenant qu'aucune thérapie actuelle de l'autisme ne tienne compte des symptômes d'épuisement et de stress liés à l'isolement et aux attaques sonores ou physiques de tout encadrant. Ces souffrances peuvent aller jusqu'à modifier la personnalité, rendre fou, agressif, obsessionnel, dépendant à une substance ou à la présence humaine, ou au contraire faire de nous un être replié et destructeur. Seul Ghislain Magerotte, professeur Émérite à la Faculté de Psychologie et des Sciences de l'Éducation de Mons, en Belgique, évoque en priorité l'impact sur l'entourage de la vie auprès des personnes autistes sévères, et la nécessité vitale de prendre en main sérieusement et quotidiennement sa santé.

Traiter le stress par la relaxation pourrait certainement éviter des drames, comme le montrent ces faits divers récents concernant des enfants handicapés tués par leurs parents suicidaires, ou des maltraitances récurrentes dénoncées dans les instituts spécialisés. On le condamne souvent sans chercher de solution, sans regarder la cause en amont. On n'imagine pas à quel point les séquelles sont importantes, elles ont été évaluées en Angleterre et aux États Unis. Il en ressort qu'une mère d'enfant autiste présente les mêmes symptômes de "stress post-traumatique" que les soldats prisonniers de guerre.

Nutrition et condition physique

Il faut aménager de manière très ferme et structurée des temps pour soi, ne serait-ce que dix minutes par jour. Mon expérience quasi guerrière avec l'autisme m'a heureusement contrainte à adopter un équilibre psychique et physique dans des pratiques régulières. Je conseillerais de s'alimenter un peu comme un sportif, avec plusieurs petits repas par jour, mais ne pas se priver paradoxalement de sucreries. J'ai remarqué que c'était un besoin fréquent au moment des grands stress, chez beaucoup de parents. Ils s'en privent parfois, jusqu'à l'anorexie. Ou bien ils remplacent par la cigarette... Mangez du chocolat mais, surtout, faites de la gymnastique, il faut rester disponible physiquement. Beaucoup de comportementalistes le recommandent, parce qu'on ne peut affronter ni une crise ni un quotidien éreintant sans faire au moins cinq minutes de renforcement musculaire par jour. Nous n'avons pas le temps ? Je sais. C'est pour cela que j'ai trouvé un appareil de gym, *Five Minutes Shaper*, qui solidifie tous les muscles du corps en moins de cinq minutes par jour. Cet appareil m'a sauvé la vie plusieurs fois depuis que Tristan est grand et fort : dans des magasins, en pleine crise, j'ai pu le maintenir et le bloquer sans effort – et même en souriant aux gens sidérés, une vraie publicité télé-achat. Depuis qu'il a senti mon ascendant sur lui, il ne cherche plus trop le conflit physique. C'est vital quand on est une maman seule : certaines se font attaquer ponctuellement par leur fils adolescent ou adulte réagissant abruptement au stress qui n'a pas été correctement pris en charge. Elles n'ont plus qu'à choisir entre l'internement de leur enfant ou le sacrifice de leur santé.

Il existe aussi des moyens de se muscler en se détendant comme la piscine, même trente minutes de temps en temps :

on relâche tout le stress dans l'eau tout en prenant des forces.

C'est vital de reprendre comme objectif l'importance des petits moments relaxants : une soupe chaude, une émission stupide, des bonbons, de la musique. Je vois trop de parents déprimés, qui ne s'accordent plus jamais un seul instant de plaisir.

Se former pour développer des "jeux autonomes" pour son enfant

Pour s'accorder du temps, j'entends déjà les parents me dire qu'ils ne peuvent pas : leur enfant exige une surveillance de chaque seconde. Je suis bien placée pour le savoir, Tristan se mettait constamment en danger. Mais il existe des solutions, lui apprendre à s'occuper seul comme nous l'avons déjà vu. Être "parent-thérapeute", chez nous c'est tabou. C'est naturel en Allemagne, où le célèbre Analyste du Comportement Robert Schramm a prouvé l'efficacité démultipliée de l'impact des parents-thérapeutes sur les progrès de l'enfant. « Les parents sont les meilleurs thérapeutes ! », un cri de guerre qui révolterait mon neurologue mais qui a réduit de nombreux comportements à problèmes (et des guerres civiles) en famille, dans tous les pays qui ont adopté ce principe.

Un parent d'enfant malade, quel qu'il soit, est obligé de devenir aussi thérapeute. Une famille ne va pas laisser son enfant paraplégique sans soins sur un lit médicalisé à domicile, elle va devenir aide-soignante et parfois médecin malgré elle. Je conseille vraiment aux parents de se former au moins à une chose qui les aidera, et améliorera tout le fonctionnement de la famille : les “jeux autonomes”. Apprendre à l'enfant à jouer seul, c'est un poids immense qui s'envole, une respiration pour ces familles qui suffoquent. Un espace pourra être créé entre le parent et l'enfant, un moment où chacun aura un temps de répit, pour lui. Le mieux est de consulter un superviseur et de lui demander un programme à suivre à la maison, pour amener l'enfant à jouer seul. Il faut prévoir un équipement matériel, des aménagements dans la maison, mais c'est un investissement nécessaire. Ce programme et les principes du Contrôle Instructionnel sont le minimum à connaître pour un parent épuisé, qu'il ait un enfant autiste ou simplement très ingérable. C'est son seul moyen de ne plus se noyer.

La Relaxation

Malgré le temps que Tristan passe maintenant à s'occuper seul, il y a encore neuf mois, je restais extrêmement tendue en permanence. La présence de son père et ses progrès en communication sont des facteurs importants qui ont réduit ses “angoisses”, et permis à Tristan “d'atterrir”. Mais il lui restait des moments de langueur inexplicable, des réactions de tristesse ou de peur, impossibles à canaliser. J'ai réalisé que mes humeurs l'atteignaient plus que je ne le croyais.

Autrefois le chant lyrique m'apportait énormément d'apaisement grâce aux respirations et aux émotions extériorisées et sublimées dans une mélodie, dans un rôle dramatique. Mais après douze ans d'autisme, j'en étais arrivée à un tel niveau de mortification que respirer seulement me brûlait le torse, et me renvoyait uniquement à mon vide intérieur. Ma voix devenait serrée, éteinte… sans énergie.

Depuis cet été, le déclic est apparu lors d'une consultation chez le médecin généraliste qui m'a conseillé la sophrologie. “Sophrologie” ? Un nom bizarre, je ne suis pas très friande de solutions chamaniques, de tout ce qui n'est pas scientifique. Mais le médecin m'assure que c'est de plus en plus recommandé, les effets sur la santé sont constatés. Je me renseigne et je vois qu'un sophrologue n'est pas un druide maître des énergies lumineuses. Il transmet des techniques que l'on apprend en quelques séances guidées, pour positiver et se détendre, se sentir bien dans son corps. Des techniques qu'on peut appliquer ensuite sans le sophrologue.

J'ai choisi d'apprendre avec une sophrologue (certifiée RNCP[1]), Katia Bensa-Wegner, spécialisée dans l'accompagnement des familles avec autisme. Il n'y a pas de comparaison possible entre mon état avant et après les séances.

Nous travaillons sur des points précis et ça marche. J'arrive en consultation, je lui explique ce qui m'a contrariée ou freinée dans la semaine. Par exemple : « Je ne veux plus ressentir de colère quand Tristan me provoque, ensuite c'est l'escalade des conflits. » La sophrologue me guide alors dans des exercices respiratoires, des visualisations si apaisantes et

1- Répertoire national des certifications professionnelles.

optimistes que j'arrive à me recentrer complètement, me retrouver, dissocier les attaques sonores de mon être, puiser de l'énergie où je croyais ne plus en avoir.

Depuis, j'ai repris le chant et retrouvé ma voix, autrefois si faible et usée. Je me suis remise à la peinture, et surtout je ne suis plus dépassée par mes émotions négatives en cas de stress. Voyant mon calme et mon sourire face à son agitation, Tristan s'apaise aussi. J'ai vu de réels progrès dans son humeur, bien plus constante aujourd'hui.

Je voudrais conseiller aux mamans de s'orienter vers la sophrologie plutôt que les médicaments.

J'aimerais tellement ne plus entendre ces mêmes arguments : « Je n'ai pas le temps, pas les sous, c'est bon j'ai déjà des antidépresseurs et des calmants du médecin, j'ai peur de me retrouver face à mes angoisses et m'effondrer. » Je comprends ces réponses, je n'avais pas le temps non plus, et pas l'argent. Et je ne m'autorisais plus à m'occuper de moi, comme si dans une telle détresse seul l'enfant compte, et s'épanouir devient un crime d'égoïsme.

Je voudrais leur dire qu'elles vont gagner du temps, mieux aider leur enfant, et réduire le trou de la Sécu en « perdant une heure par semaine » le temps de deux mois, en apprenant à se relaxer…

La sophrologue m'a enseigné des exercices pour apprendre à Tristan à contrôler son stress. Maintenant quand il arrive dans un lieu saturé de monde, je l'entends respirer à fond, expulser l'air avec force. Hélas, il n'existe pas d'aide de la

Maison des Personnes Handicapées pour financer une partie de ses séances.

La sophrologue, habituée aux familles qui tiennent à bout de bras l'insupportable, connaît les conséquences sur la santé altérée aussi bien par l'autisme que par des enfants ingérables. Elle me raconte que chez les mères, des contractions musculaires sont quotidiennes, les poings serrés, les épaules crispées, le dos douloureux, le thorax contracté au point de ne plus pouvoir respirer largement. Ces tensions peuvent générer à long terme des angoisses supplémentaires et de la dépression. Elle retrouve chez toutes les mères cette nécessité de "l'hyper-contrôle" : on retient sa colère, on bloque son chagrin, sa détresse, sa claustrophobie dans ce tunnel sans fin. Je constate que c'est vrai, nous sommes contraintes d'afficher ce sourire et ce calme de façade que les gens interprètent comme ils veulent, alors que nous n'avons pas d'autre choix que de cacher nos faiblesses, autant à nous-mêmes qu'à l'enfant. Mais la sophrologue a remarqué que les enfants voient avec encore plus d'acuité ce qui leur est caché. Et ça leur fait très peur. La sophrologie proposera un travail de détente musculaire et, en conséquence, de détente mentale, associée à la respiration. J'ai expérimenté à quel point une pensée angoissante, récurrente, envahissante, pouvait perdre de son intensité avec cette démarche qui m'a appris à prendre du recul.

Je peux, grâce à ces exercices tout simples, trouver seule mes ressources pour affronter sans heurts les situations les plus stressantes. Autrefois quand Tristan piquait une crise en plein magasin, les gens me faisaient remarquer que je devenais livide, les lèvres blanches, les pupilles dilatées. Un choc émotionnel à chaque fois, et encore ils n'entendaient pas mon cœur s'emballer. En effet, le pire défilait dans ma tête : « Il va blesser quelqu'un, casser tout un rayon, je devrai rembourser, je devrai en même temps calmer les gens outrés, il va foncer vers la sortie et percuter une voiture. » On ne peut imaginer à quel point ce que Tristan a pu me faire vivre est difficile à effacer de ma mémoire sensorielle et mentale. Mais aujourd'hui la même situation est remise à son véritable niveau de danger, mon réflexe nerveux conditionné est comme "déprogrammé". Alors, en conséquence, j'agis avec bien plus de calme et de précision. Je ne mets plus une journée à m'en remettre, je ne revis pas le moment quand il est fini.

L'humain confronté au pire a tendance à se préparer continuellement à souffrir même quand tout va bien. Comme si le pied de guerre constant allait créer un bouclier contre le malheur, mais c'est tout l'inverse. La sophrologie m'a appris à me préparer… au meilleur. Certains exercices, lorsqu'ils sont répétés régulièrement, sont reconnus d'ordre "neurologique" alors qu'ils sont pourtant basés sur de la "visualisation positive" : en envoyant de manière répétée au cerveau une vision positive de la situation, celui-ci, d'après certaines études, comprend en trois semaines que ces stratégies sont apaisantes et productives. Notre système nerveux connu pour ses endorphines, toujours en quête d'antidouleurs (contrairement à notre esprit !...) aura alors tendance à remettre en place automatiquement ces stratégies dès qu'une situation difficile se présentera. C'est fascinant mais ça marche. On ne peut que faire le rapprochement avec le comportementalisme, il s'agit bien d'un conditionnement, et ce concept fait fuir en France. Mais il peut sauver, en tout cas il nous a sauvés, moi et mon fils.

Le positif attirant le positif, être détendu et optimiste génère des expressions, des états hormonaux, des signaux divers, des choix, des comportements peut-être bien plus rassurants pour l'enfant. Autre conséquence du stress, le sommeil est souvent très dur à trouver et, quand on le trouve, il est agité ; la sophrologie m'a révélé les effets apaisants des musiques relaxantes et des bruits de la nature enregistrés – par exemple, des sons de vagues – qui améliorent sensiblement la qualité de l'endormissement et du sommeil.

J'ai surtout appris à me recentrer, à reprendre confiance en moi. Les mamans englouties par une maternité houleuse perdent leur propre image, se fondent dans les problèmes. Se recentrer, penser à soi, prendre un temps pour soi redonne de l'énergie, sécurise l'intégrité profonde, et permet la mise à distance des facteurs intrusifs que sont les agressions sonores et les provocations des comportements de défi. Une mère ne peut jamais fuir, sortir s'aérer quand elle n'en peut plus, mais heureusement on peut créer cette bulle protectrice, qui n'est pas fermée, qui ne coupe pas de l'extérieur. Transparente, elle laisse voir le monde sans que celui-ci puisse nous agresser. À nous de l'aménager avec notre "monde intérieur", et de retrouver ce qui nous donnait des forces et de la joie avant cette vie. L'image de la bulle peut aider à respirer. Parfois le seul psychotrope qui permet de s'évader prend une forme pire, pour masquer la vraie souffrance : pensée obsessionnelle après une vexation ou un rejet, peur d'être seule dans la maison, fixation sur un souci administratif... L'esprit ne met pas forcément en place de bonnes défenses. Je crois qu'il est vital de trouver un "technicien" qui agisse vite et efficacement pour remettre en ordre nos esprits aux prises avec le chaos.

Conclusion
Le quotidien aujourd'hui

Avec les économies gagnées en travaillant à Paris, l'aide d'une banquière arrangeante et l'énergie de quelques proches, j'ai déménagé en décembre 2014 de cette région pleutre et méprisante, pour acheter, 200 kilomètres plus loin, une maison complètement sur mesure pour Tristan. Il s'occupe souvent dans sa salle de jeux, profite de son grand jardin, il a tout l'espace dont il a besoin pour faire ses activités autonomes de trottinette, balançoire, trampoline, ballon sauteur. Je lui ai aménagé son salon privé avec sa télévision et sa musique, une salle pour ranger ses centaines de jeux éducatifs. Je rénove des heures par semaine. Ici les habitants sont bienveillants et Tristan est accueilli partout avec un grand « Bonjour Tristan, tu vas bien ? ». il reçoit un bonbon ou d'autres attentions dans tous les magasins, à la poste, à la piscine, etc. Il s'égaye et serre des mains, tellement il s'est bien intégré. Je n'ai plus la crainte de ses crises, quand il s'agite, les caissières me rassurent tout de suite, même si les gens détournent généralement le regard ; en dix-huit mois, nous n'avons eu que de bons contacts avec tout le monde. Personne ne nous fait de réflexions méchantes à part quelques adolescents. Les parents devraient leur parler très tôt du handicap, on nous assomme avec la "tolérance", la "différence", mais elle n'est pas expérimentée : on cache nos handicapés, d'où l'importance pour l'être humain de côtoyer la "différence" à l'école dès le plus jeune âge. En France, des parents partent pour la Belgique, l'Angleterre, les États Unis ou la Suisse pour trouver une équipe déjà rodée aux protocoles d'apprentissage, une école au garde-à-vous, des instituteurs formés et des élèves complètement habitués au handicap. Certains parents partent au Maghreb pour trouver un accueil, un soutien et une aide totale dans un réel esprit communautaire. Il y a deux ans, à Paris aux Buttes Chaumont, Tristan a frappé le bras d'un papy algérien qui bullait au soleil sur un banc. Il a sursauté, il nous a regardés, puis il a souri à Tristan en lui donnant ses fruits secs : « Obéis à ta mère, elle t'appelle, allez, va la voir. » Je suis venue m'excuser, complètement décomposée : « Ben pourquoi vous vous excusez comme ça ? m'a-t-il dit, au bled on est habitués, on en a plein comme ça, pas de souci, pas de souci. » Il s'est rendormi. Chez lui on ne montre pas du doigt un gamin dont le comportement est inadapté, on ne le corrige pas en pensant qu'il est mal élevé, on ne le met pas à l'écart, on ne détourne pas le regard : l'enfant participe très naturellement à la vie de la communauté, tout le monde va spontanément lui indiquer la marche à suivre en jouant, en lui parlant… J'ai aussi croisé une infirmière en psychiatrie, arrivant d'Arabie Saoudite, elle faisait un stage en hôpital psychiatrique. Elle s'est indignée de la pauvreté des thérapies, des camisoles comme seules solutions face aux crises, habituée à l'ABA.

Je pensais que la situation avait évolué avec l'Autisme déclaré nouvelle cause nationale. Mais le retard des institutions perdure. Mon ex-mari et moi avons définitivement refusé toute entrée en institut classique : Tristan, âgé aujourd'hui de treize ans, restera en famille tant que son accueil ne pourra se faire en centre comportemental, aux normes de la HAS. Après des années sur liste d'attente, il est trop âgé. En France, il y a encore trop peu de centres par rapport au nombre d'enfants handicapés. Je viens de monter mon dossier pour demander le financement des traitements comportementaux en libéral dont Tristan a besoin pour entrer dans une classe normale. Des traitements préconisés par la HAS. Je rencontre les psychologues et médecins de la maison des personnes handicapées, ils sont tous d'accord avec mon plan de travail : apaiser Tristan, lui faire travailler ses compétences scolaires avec d'autres personnes que moi, monter le dossier pour financer une partie de ces séances, toujours pas remboursées par la Sécurité sociale. Je sors de l'entretien pleine d'espoir : Tristan va renforcer ses acquis en lecture et chiffres, son langage, avec d'autres comportementalistes, je ne serai plus ballottée entre la peste et le choléra, l'isolement ou les prises en charge catastrophiques… Au bout de trois mois de suspension de tout paiement (pour d'excellentes raisons administratives) le Conseil général et la Commission des professionnels de santé du département ont délibéré. Ils me renvoient une notification : « 8,50 euros pour les couches la nuit. 113 euros pour l'embauche de personnel à domicile, prise en charge ABA refusée. Tristan peut aller à l'hôpital de Jour. » Si j'y renonce, vu que je n'ai pas assez d'argent pour une prise en charge adaptée, c'est considéré comme une absence de soins et je risque le retrait de toutes les allocations handicap. Depuis, je me saigne pour qu'il ait quand même un suivi que nous payons nous-mêmes, son père et moi, auprès d'une psychologue comportementale. Je vois rapidement les résultats.

Les employés des administrations ne décident rien, mais ils sont de mon côté, ils sont très solidaires et insistent pour que je fasse appel. Mais je suis fatiguée de me battre contre les sièges des institutions, des puissances intouchables, je n'ai plus l'énergie, malgré une colère monstrueuse. Je risque par leur faute de perdre mes moyens de survivre et même ma maison.

Je reviens de chez le neurologue pour prendre des renseignements sur ce fameux hôpital de jour dont j'ai entendu du mal par d'autres parents. Le neurologue ne peut pas faire entrer Tristan dans son cabinet tellement il a peur. Il crie : « Docteur V. !! » Il me demande pourquoi, je lui raconte notre histoire. Il se penche sur Tristan :

« Allons, n'écoute pas maman, les psychanalystes ne sont pas tous des vilains ! », ce qui sous-entend : « Madame, c'est vous qui transmettez des angoisses à votre fils. » Je lui rappelle qu'il est traumatisé par son internement.

« Madame, reprenez votre place de mère, vous n'êtes pas thérapeute. Ne venez pas avec votre recette – "faites ci, faites ça, je connais bien mon fils" –, c'est très déplaisant pour les psychiatres de s'entendre donner des leçons, ils savent ce qu'ils font ! Et votre ABA ça marche des fois, mais on n'a jamais prouvé que c'était ce qu'il y avait de mieux ! Jamais ! On ne l'a pas prouvé. »

J'ai envie de le mordre, mais comment convaincre un mur qu'il se trompe ? Il répète trois fois sa petite phrase avec un sourire victorieux et le menton pointé vers le plafond. Inutile de discuter, je rentre les larmes aux yeux. J'ai peur chaque jour de l'avenir de Tristan. Je ne veux pas qu'il finisse à l'asile une fois adulte, pas ça encore une fois…

Mais je ne suis plus aussi seule face à l'autisme. Son père s'est rapproché de lui, il le voit maintenant toutes les semaines. Je crois qu'ils se retrouvent après un long silence qui a duré pendant la période de chaos absolu, un chaos déroutant qu'un papa trop sensible et désarmé ne pouvait pas encaisser. Quand l'été dernier Tristan a retrouvé son papa régulièrement, il a eu une réaction qui peut paraître "aliénée" mais qui finalement était salvatrice et "normale" : il a agressé son père physiquement. Je suis intervenue, je l'ai bloqué et lui ai dit de se calmer dans sa chambre. Il a obéi, il montait l'escalier quand son père a renchéri : « Oui c'est ça, va dans ta chambre te calmer un peu. » Tristan s'est retourné, a braqué sur lui un regard noir qui signifiait : « Toi, ne me donne pas d'ordres. » Et il est redescendu en fonçant sur lui pour le frapper avec une fureur décuplée. Stupéfaite, j'ai vu son père se laisser faire. Tout le monde le lui aurait reproché, mais il m'a expliqué ensuite que « ça n'est pas bon de garder sa rancune au fond de soi, et que Tristan avait besoin d'extérioriser sa colère, celle d'avoir été délaissé ». C'était juste.

Après deux ou trois épisodes "coups de poing" sur son père – suivies d'un sourire détendu et satisfait – Tristan allait parfaitement bien. Depuis, j'ai vu de réels progrès dans son humeur. Tristan ne geint plus comme avant, il est bien plus gai, il est en harmonie avec son père et moi.

Je n'ai pas encore gagné tous les combats, mais j'ai gagné la guerre, ma vie personnelle reste dans l'ombre, mais elle est vouée aux progrès de Tristan. Je ne le regrette pas. J'ai la chance que notre vie, par ce sacrifice que j'espère momentané, soit actuellement douce bien qu'encore isolée, une vraie vie d'ermite parfois, quand je ne croise personne pendant quinze jours. Tristan est devenu un garçon tendre, paisible et enjoué. Ses crises ne durent que quelques minutes et sont entrecoupées de fous rires. Plus provocatrices que sévères, elles sont rares, une ou deux fois par mois. Il apprend bien maintenant : il sait compter jusqu'à cinq cents, il commence à lire les syllabes. Il peut décrire à tout moment ce que fait une personne ou ce qu'il voit en vrai, dans un livre ou la télévision. Je le guide à peine, par shadowing (en suivant ses gestes quand il hésite, mais sans le toucher) quand il prend sa douche, s'habille, se sert et réchauffe son repas... Il va très souvent seul à sa table de travail et m'appelle : « Maman, faut travailler ! » Aujourd'hui, c'est moi qui me désiste : « Pas tout de suite, on vient de faire trente minutes ! »... Je me relâche, je laisse s'entasser parfois le matériel éducatif et c'est lui qui ouvre les placards pour trouver le travail qu'il a envie de faire. Il est passionné par les contes de fées que je lui raconte le soir : il peut finir n'importe quelle phrase prise au hasard. Nous avons de petites conversations et beaucoup d'échanges. Le dialogue a pris le dessus sur l'impulsivité et maintenant, quand il commence à mordre sa main par énervement dans un nouveau lieu, j'arrive uniquement avec des mots, des mises en garde ou des respirations profondes, à lui rendre son sourire qui veut dire : « OK... Je me calme. » Je l'amène tous les jours dans notre complexe aquatique régional et, grâce à ces sorties et sa passion de l'eau, il apprend vite à copier les comportements des baigneurs, au lieu de reproduire ceux qu'il voyait en institut. Il fait peu de bruit, se pose mollement dans l'eau chaude et suit les labyrinthes comme les autres nageurs... Il se lie avec des gens à qui il demande un petit tour sur le dos, il se sociabilise par ce biais, il va presque trop vers les gens et son visage se ferme si on ne répond pas à son sourire jovial, mais c'est le seul moyen que j'ai trouvé pour le sociabiliser en attendant que la France ouvre plus de centres adaptés. Bien sûr il est et sera toujours autiste, et ses troubles de l'opposition réapparaissent certaines semaines, mais ils ne durent pas et ne vont pas aussi loin qu'avant.

Aujourd'hui ses affaires sont répandues en vrac par terre et sur son lit, ses livres sont écornés, ses CD sont rayés, son Furby crie pitié… Je m'en réjouis, dix années de lutte pour pouvoir entrer le matin dans une chambre d'enfant normale, c'est ma vraie victoire. Avant, je ressentais l'omniprésence mortuaire de l'autisme, ses crises destructrices passées, je haïssais sa chambre lisse et rangée, je la surnommais amèrement “la chambre du mort” à cause de ces jouets jamais touchés, alignés sur les meubles. J'avais envie de tout jeter en maugréant : « À quoi servent ces jouets en vitrine ? »

Ce qui agacerait toute une famille normale m'emplit de joie : à treize ans, Tristan est devenu un adolescent typique, il peut passer l'après-midi étalé mollement sur un canapé devant la télévision, il se lève très tard puis il traîne une heure devant son chocolat chaud. Il n'aime pas trop courir mais il connaît tous les morceaux rock électro, il devient fan de Yannick Noah. Je ne l'aurais absolument pas cru si on m'avait dit, il y a cinq ans : « Pour Noël 2014, vous allez lui offrir un poster de Yannick Noah sur la plage les pieds dans l'eau, Tristan sera ravi de l'avoir dans sa chambre, il chante son dernier tube par cœur et remet quinze fois le clip tout seul ! »

C'est un vrai ado, la preuve, quand je ne cède pas à une demande, il me hurle dessus d'un ton autoritaire : « Mamaaan !! S'il te plaaaît !!! » au lieu de se frapper la tête et de se mordre… et quand on veut l'embrasser il bougonne : « Laisse-moi ! » Une normalité qui me rend tellement fière, c'est une renaissance.

Table des matières

Avant-propos 7

L'enfer au quotidien
Un enfant pas comme les autres 13
Une journée type 17
De l'emprise à l'internement 35
L'enlèvement 65
Bienvenue sur la planète Autisme 87
Aux portes du royaume de Tristan 103

La découverte des approches comportementales
Premières solutions 119
Le sevrage des neuroleptiques 159

La pratique professionnelle
Prise de conscience des manques éducatifs 167
Des axes éducatifs 195
Parents dépassés, soignants épuisés, guide de survie 217

Conclusion - Le quotidien aujourd'hui 233

Achevé d'imprimer par Corlet, Imprimeur, S.A. - 14110 Condé-sur-Noireau
N° d'Imprimeur : 171548 - Dépôt légal : avril 2015 - *Imprimé en France*